Esse livro só foi impresso graças ao apoio da Graphium à Festa Literária Pirata das Editoras Independentes (FLIPEI).

Coordenação Editorial
Cauê Ameni
Hugo Albuquerque
Manuela Beloni
Organizador: Diego Sampaio Dias
Transcrição e revisão: Gercyane Oliveira
Revisão: Marcia Ohlson
Capa: Dinelli/@1dinelli
Diagramação: Manuela Beloni
Produção cultural FLIPEI: Rafael Limongelli e Baby Grace
Programação FLIPEI: Cauê Ameni, Gustavo Racy, Wander Wilson

Dados Internacionais de Catalogação na Publicação (CIP)
(eDOC BRASIL, Belo Horizonte/MG)

P139   Pagu na vanguarda socialista: os escritos mais incendiários de Patrícia Galvão / Organizador Diego Sampaio Dias. – São Paulo, SP: Autonomia Literária, 2023.
160 p. : 13 x 19 cm

ISBN 978-85-69536-95-6

1. Comunismo – Brasil. 2. Literatura brasileira – Crônicas. I. Dias, Diego Sampaio.
CDD B869.3

Elaborado por Maurício Amormino Júnior – CRB6/2422

Autonomia Literária
Rua Conselheiro Ramalho, 945 CEP: 01325-001São Paulo - SP
autonomialiteraria.com.br

PAGU
NA VANGUARDA SOCIALISTA

OS ESCRITOS MAIS INCENDIÁRIOS DE
PATRÍCIA GALVÃO

Sumário

Apresentação 7

Prefácio 11

O carinhoso biógrafo de Prestes 15

A vontade de servidão 20

Literatura oportunista 24

Pequeno prefácio a um manifesto 29

A sementeira da revolução 33

Problemas da crítica 37

Em defesa da pesquisa 42

Influência de uma revolução na literatura 46

Elogio e defesa de Ignazio Silone 51

Peço a palavra! 56

Sérgio Milliet e o papel do intelectual 62

Casos de poesia & guerra 66

O Pensamento de Lima Barreto 71

Linha do determinismo histórico literário do Ano Novo 76

Algo sobre literatura e revolução... 83

Primeiras notas sobre o existencialismo 87

O tempo pobre, o poeta pobre 92

As várias notícias de várias coisas 96

O poeta da "A Rosa do Povo"...100

Explicação necessária com o seu quê de importante 105

Um manifesto aos escritores... 110

I. Descaminhamento onde vai parar? 115

II. Descaminhamento onde vai parar? 120

III. Parênteses no descaminhamento....................................124

Fala o destempero da náusea...128

Um debate sobre o existencialismo......................................132

Índice onosmático 136

Apresentação

por Diego S. Dias[1]

Este livro reúne as 26 crônicas de Patrícia Rehder Galvão (1910-1962), a Pagu, publicadas de forma intermitente entre 31 de agosto de 1945 e 9 de agosto de 1946 no jornal de livre circulação *Vanguarda Socialista*. Trata-se, portanto, de uma seleção de caráter documental, constituída por meio da consulta ao acervo do Centro de Documentação do Movimento Operário Mário Pedrosa (CEMAP), que integra o Centro de Documentação e Memória da Universidade Estadual Paulista (CEDEM/ Unesp). A trinca de textos "Literatura Oportunista", "Pequeno Prefácio a um Manifesto" e "Casos de Poesia & Guerra" constam já na pioneira edição Pagu: vida-obra, de Augusto de Campos[2]; somam-se aqui os outros 23, completando o conjunto das crônicas publicadas no período.

---

[1] Diego Sampaio Dias alias Diego Diasa é poeta, tradutor, artista-designer e gravador, com formação em História. Dedica-se ao campo de pesquisa da Antropofagia e da Semiótica de matriz peirciana. Realizou extenso trabalho de pesquisa sobre Flávio de Carvalho pelo Instituto de Estudos da Linguagem da UNICAMP. Integra seu portfólio, 15 anos de produção de performance e montagens de extração intersemiótica e multimidiática.

[2] Primeira edição de 1982, pela editora Brasiliense; atualmente publicado pela Cia das Letras.

Lançado no Rio de Janeiro dois meses antes do fim da ditadura do Estado Novo e editado por Mário Pedrosa como "Semanário marxista de interpretação e doutrina", conforme sua linha-fina, o *Vanguarda Socialista* manteve tal periodicidade até a publicação de seu Nº 110, em 3 de outubro de 1947. A partir de 1º de novembro daquele ano, o anúncio ordinário no cabeçalho "Sai às 6as-feiras" seria substituído por "Publicação Quinzenal", e assim seguiria até sua última edição. Em seu 1º número, Mário Pedrosa imprimiria o programa do Jornal na coluna "Diretivas": "Não é órgão de nenhum partido, não está sujeito a nenhuma disciplina partidária"; sua vocação era o "trabalho de crítica e construção relativamente ao passado movimento revolucionário ou reformista, comunista ou socialista" tal qual havia se dado historicamente até aquele momento – e declarava: "Não é um jornal de agitação para a massa; [mas] um jornal de vanguarda".

Ao longo dos anos de sua publicação, o *Vanguarda Socialista* reuniu e formou uma geração de ex-militantes do Partido Comunista Brasileiro (PCB), da Oposição de Esquerda orientada por Leon Trotsky e de outros agrupamentos, em suma, dissidentes de orientação marxista que, com o fim da Segunda Guerra Mundial, a anistia política promulgada por Getúlio Vargas em abril de 1945 e o fim do Estado Novo, podiam voltar à legalidade e retomar a organização das lutas dos trabalhadores. Entre tais dissidentes estava Patrícia Galvão que, ao ser libertada do cárcere em 1940, desliga-se também do PCB.

Junto a seu companheiro Geraldo Ferraz, secretário do *Vanguarda Socialista* do 1º ao 63º número, Pagu lançaria em 1945 seu segundo livro, *A Famosa Revista*. No *Correio da Ma-*

nhã carioca de 31 de agosto daquele ano é reportado o lançamento desse livro; no mesmo dia, Pagu debutava no 1º número do *Vanguarda Socialista*. Nas edições para as quais escreve, seu nome – Patrícia Galvão – aparece sempre em destaque ao lado do cabeçalho. Do 1º ao 3º número do Jornal, sua coluna é intitulada "Crítica Literária"; do 4º ao 50º, último com que contribui, a coluna passa a ser denominada "Crônica Literária". Somente o texto publicado em 30 de novembro de 1945, "Peço a Palavra!", não vem acompanhado do título descritivo da coluna; este é, com efeito, seu único texto estritamente político no periódico. É notável também que no Nº 28, de 8 março de 1946, em "Explicação necessária com um quê de importante", Pagu confessa uma má repercussão de suas crônicas, manifestada nas cartas recebidas pelo Jornal, propondo assim um diálogo com leitoras e leitores – a partir desse número, sua contribuição passará a ser quinzenal, frequência que se manterá até seu desligamento em 9 de agosto de 1946.

O jornal *Vanguarda Socialista* seria editado por Mário Pedrosa até seu Nº 124, publicado na data simbólica de 1º de maio de 1948. Após uma interrupção de dois meses, o número subsequente sairia em 30 de julho e, dali em diante, o subtítulo "Órgão Central do Partido Socialista Brasileiro" viria incorporado ao cabeçalho, em nova diagramação. Aparelhado pelo PSB, encerrava-se o programa original do Jornal.

***

O volume de dados referenciais combinados em suas crônicas registra o amplo arco de interesses de Patrícia Galvão, revelando uma constelação *tópica* e um comprometimento crítico com um projeto artístico e político para o Brasil. O acintoso corpo de nomes registrados pela autora anota seu repertório e compõe uma ferramenta prática de análise capaz de sopesar sua extensão. "E não faço distinção entre esses nomes porque os estou citando historicamente como dados de influência e sem lhes considerar a evolução posterior, as dissensões e divergências". Na falta de um arranjo remissivo que contemple a diversidade de conhecimento e o tônus da crítica da autora, um inventário onomástico acompanha esta obra.

Diego Sampaio Dias
Primavera de 2023

Prefácio
Incendiária

por Marília Moschkovich[3]

É fato que na esquerda brasileira Pagu se tornou uma personagem. Fantasiada por sua beleza e valentia em proporções quase iguais, Patrícia Galvão tornou-se, com o passar das décadas, uma figura quase mítica. No rastro do anticomunismo tipicamente brasileiro — ou do Brasil tipicamente anticomunista? — Pagu passou a ser vista como um ícone do feminismo, como se a história do feminismo e do comunismo não estivessem intimamente imbricadas. Quando o feminismo no Brasil e no mundo acabou por afastar-se do marxismo, Pagu, assim como Frida Kahlo (pra ficar em um exemplo semelhante latino-americano), tornou-se uma imagem descolada das ideias que defendia. Uma imagem de um feminismo combativo, porém vendável, ou pelo menos simpático como objeto de consumo. Quem sabe quem foi Pagu, e que ideias defendia?

---

[3] Marília Moschkovich é docente do Departamento de Sociologia da Faculdade de Filosofia, Letras e Ciências Humanas da Universidade de São Paulo, onde coordena o Ímpar — Laboratório de Estudos Críticos da Família. Foi editora da Linha a Linha, onde coordenou a edição de 2018 de "Parque Industrial", de Pagu/Mara Lobo.

Do outro lado, uma reivindicação também vazia de militantes socialistas e comunistas que, clamando pelo nome e por sua própria fantasia de quem foi Pagu, acabam se esquecendo de ler sua obra. Pior, reivindicam seu legado enquanto defendem posições incompatíveis com seu espírito insubmisso. Foi esse espírito insubmisso que fez de Pagu — como fez e Kollontaï, e de tantas de nós, mulheres militantes comunistas — figura controversa e persona non-grata em diversos espaços à sua época, inclusive entre os comunistas do partidão que ela precisou abandonar. Mas quem sabe, de fato, quem foi Pagu e que ideias defendia?

A publicação das obras de Pagu tem sido também envolvida quase sempre por disputas e tensões entre os desejos de um público que reivindica a importância pública e democrática de suas contribuições, de um lado, e um olhar privado da família, por outro. Afinal, a quem pertence Pagu e seu legado?

A realização de uma FLIP homenageando a autora não foi grande surpresa aos olhares mais atentos ao mercado editorial. Há pelo menos três ou quatro anos a editora de maior peso e investimento da feira passou a adquirir todos os direitos de publicação de sua obra que foram possíveis, inclusive bancando o prejuízo dos detentores dos direitos — herdeiros de Pagu — em contratos rompidos antes do tempo. Mas quem são, de fato, os herdeiros de Pagu? Qual a sua herança?

Pagu sempre foi indomável. Impossível colocá-la em uma jaula, seja qualquer uma dessas. Pagu sempre falou por si mesma, e a publicação de sua obra jornalística é uma das formas possíveis de, entre contendas, honrar esse espírito de desobediência. Pagu inconformada, sempre; Pagu incendiária; Pagu que não cabe em manuais ou formatos prontos. Suas publicações em jornais pertencem à mulher e ao homem do povo. Pagu lançava garrafas ao mar do futuro, e por isso suas publicações jornalísticas pertencem também às pessoas não-binárias do povo, às travestis, às pessoas trans, e a todes que vivem dissidências insurgente contra o sistema de gênero machista que ela fez questão de combater.

Em "Parque Industrial", Pagu escreveu de forma literária o que na teoria feminista passamos a compreender bem melhor apenas nas últimas décadas do século XX: não existe "a mulher", destacada de sua condição de classe, raça; mas existem opressões machistas específicas para cada uma das variações possíveis de mulheridade e feminilidade. Mais do que isso, a autora propunha que uma obra sobre as mulheres operárias não fosse jamais uma obra sobre, por e para mulheres, mas uma obra de interesse geral da classe trabalhadora e da luta socialista. É assim que a encontramos seus escritos incendiários nas páginas de jornais, nas folhas de "Na vanguarda socialista: os escritos mais incendiários de Patrícia Galvão": uma mulher que se recusa, sobretudo, a ser limitada à sua mulheridade — e toma esse ser mulher como potência. Pagu dialoga com a política, a literatura, a crítica. Joga areia nas rusgas partidárias, brada feroz contra a ditadura de Vargas que hoje, infelizmente, vemos ser defendida por quem se diz ou se disse comunista, e Pagu se revira no túmulo (ou onde quer que esteja; quem sabe, a esta altura, como Brás Cubas, nos estômagos de vermes e larvas e adubo!). Os textos jornalísticos de Pagu são, ao fim e ao cabo, os seus textos hoje mais livres. Escritos para o povo, ao povo retornam e podem novamente pertencer.

Viva Pagu! Pagu viva!

Viva Pagu do povo, onde estará sempre viva!

O carinhoso biógrafo de Prestes
31 de agosto de 1945

Está se esgotando, nas livrarias, o volume de Jorge Amado, que se apresenta sob o título "Vida de Luís Carlos Prestes". Os transportes com que o escritor fala do aparecimento da edição brasileira dessa novela justificam-se no sucesso que ele mesmo conta, e sobre o qual se espoja, pela qualificação de "best-seller" que teve a edição argentina na América Espanhola... Do ponto de vista sério, crítico, esta biografia nada possui a não ser o aproveitamento de uma personagem e de circunstâncias que a rodearam, no sentido novelesco, com a mesma ligeireza com que Stefan Zweig construiu a sua "visão novelada da história" No goto dos que alimentam a "melhor venda" do ano em livro brasileiro, caiu esta historieta com a mesma facilidade com que, há trinta anos [atrás], o simplório leitor popular se deliciava e se comovia com as façanhas do tenente Galinha e as aventuras de João Brandão.

Sabemos que Jorge Amado ambiciona mais do que o nosso julgamento literário, querendo ter escrito um livro "social, político, interessado, revolucionário". No melhor sentido, construtivo pretendemos, de nossa parte, estender-lhe um espelhinho para que, tropeçando, na sua escalada gloriosa, o narcisismo desse Jorge que tanto se ama, restrinja o seu derramamento e veja que está, ainda, menino ignorante, patinando numa poça d'água... É bem verdade que Jorge Amado não teve estímulos que o guiassem, não recebeu instrução suficiente para a sua ambição e as suas possibilidades. Ele não sabe que a produção literária exige trabalho, pesquisa, esforço e até autocrítica. Menino e moço, cresceu mimado pela complacência, até certo ponto irresponsável, de quantos entre nós distribuem diplomas de formação literária, desde as mesinhas dos cafés às portas das livrarias, e às tertúlias dos iniciados. Jorge Amado tornou-se, assim, no meio literário nacional e entre os seus leitores, um escritor de categoria colocado na vanguarda, um literato tão importante, que ele não se contém e a si mesmo se arroga representação bastante para pagar as dívidas da "moderna literatura brasileira, na novelística e na crítica".

* * *

Como explicar tamanho sucesso literário?

Jorge Amado escolheu os caminhos fáceis da literatura documentária, aquela que se apropria do fabulário íngênuo com que o povo borda as suas conversas, inventando imagens, acrescentando detalhes, contando casos, intrigas, crimes, desde o anedotárlo menos importante dos campos e das ruas, até os dramas do adultério e da prostituição. Não é um escritor de imaginação: o que ele narra é o produto do que recolheu e que aproveita num rosário entremeado de sentimentalismos melosos, num ecletismo de brique-a-braque, em que tudo vale, porque falece ao ousado jovem qualquer discernimento seletivo. Um tipo de senhora da aristocracia rural tem a mesma linguagem e se apresenta com a mesma desfaçatez para Jorge

Amado, com que ele nos mostra as suas "mulher-damas" da rua da Lama. A falta de sensibilidade moral do observador de prostíbulos forma uma aura de poesia, triste auréola, em torno das decaídas, não se encontrando jamais uma delicadeza de figura feminina quando ele tenta desenhar com a sua inabilidade um caráter, um perfil, uma cena em que predomine a mulher... Seu sucesso literário, apoia-se, portanto, entre as muletas da exploração sentimentalesca e a perversão erótica, disfarçada é verdade, entre o amor físico em grosso modo, ou a brutalidade de um realismo caricaturalmente primário. Os leitores de Jorge Amado encontram nessa espécie de truculência literária uma evasão compreensível.

Surgindo nos idos da revolução de 1930 a produção literária de Jorge Amado embarcou na canoa da moda "socializante", que em 31, 32 e 33 por diante tinha a pitoresca denominação de "literatura proletária". Estendeu-se assim, procurando atingir o precário modelo de Michael Gold, a tentativa literária de Jorge Amado. Florescendo agora no "best-seller" da novela em que biografa Luís Carlos Prestes, Jorge Amado procura abarcar o Brasil com as pernas, apresentando-se como legítimo representante de literatura moderna ao mesmo tempo que da social, política, interessada e revolucionária. E anuncia que está pagando com a referida novela a "dívida de toda uma geração de escritores para com um líder do povo". Que dívida é essa?

* * *

A dívida — e espanta que os escritores brasileiros não tivessem descoberto esse ovo até agora — é aquela que, segundo

Jorge Amado, foi contraída, desde os movimentos de 1922, 24, 26, 30, e 35, para com Luís Carlos Prestes. No texto está assim: "Como Luís Carlos Prestes foi e é a figura máxima de todos esses movimentos chefe, condutor e general, a sua ligação com a moderna literatura brasileira é indiscutível". Essa é a dívida. Prestes inspirou toda "a moderna literatura brasileira, aquela que deu os grandes romances sociais, os estudos de sociologia, a reabilitação do negro, os estudos históricos"... Era de fato uma grande dívida e o romancista se apressou em pagá-la, colocando em novela o personagem até agora à procura de autor.

Um parêntese para o reconhecimento da dívida, no único cúmplice do literato pagante: o escritor Osvaldo [Oswald] de Andrade que, agora, citando Astrogildo Pereira, transforma Luís Carlos Prestes em guia espiritual da Semana de Arte Moderna, a qual, sem o Cavaleiro, ficaria sem sentido... Osvaldo, entretanto, pode pelo seu passado, dizer-se modernista. Jorge Amado, não.

A literatura de Jorge Amado é igual à má literatura acadêmica. Não toma pé no tempo, não conhece uma técnica, uma renovação, um processo de expressão adequado ou pessoal, em que transpareça uma ressonância da literatura moderna, nos modelos que temos à mão em casa, como Alcântara Machado, Mário de Andrade, Sérgio Milliet, Manuel Bandeira, Murilo Mendes, João Miramar, Carlos Drummond de Andrade, etc. É uma pobre literatura, que medra em terreno inculto. E tão inconsciente e vago se revela em Jorge Amado o seu pendor para as letras, que ele ama nas outras artes o que é moderno de verdade, e coloca num forno de incineração aquilo que considera "literatura degenerada", ou seja aquela que não se identifica com a sua. Mesmo com a ruim novela a dívida deve ser considerada paga, ainda mais se se imaginar que o Sr. Luís Carlos Prestes deve ter dado sua assistência à revisão da edição brasileira, reajustada aos azares do colaboracionismo realista que por aqui viceja. Não estarrecerá que um tal guia espiritual de nossas belas letras, dentro de algum tempo, com um maço de discursos sob o braço, vá bater à porta do Petit Trianon, para conseguir urna cadeira de imortal, na Casa de Machado de Assis, onde outros estadistas de alto coturno também já foram ter.

Se não tem outro mérito, a novela do sr. Jorge Amado descobre para a história literária do país essa preciosa gema. escondida durante os nove anos em que esteve na sombra.

A vontade de servidão
7 de setembro de 1945

Com a publicação dos ensaios que escreveu em São Paulo, para onde acaba de voltar, Fidelino de Figueiredo em "Cultura Intervalar", Lisboa, 1944, continua perseguindo a imagem fugitiva dos dias tormentosos de nosso crepúsculo, ao primeiro clarão difuso da "atomic age", desenhando-lhes a síntese e a análise, com aquele sentido que é quase sensualismo, nele, da frase tersa ocupada na indumentária sóbria das ideias vivas. Aconselharia, talvez por instinto maternal, aos desamparados, aos ceguinhos que encontro tantas vezes pelas nossas ruas, que reparassem nas páginas do ilustre escritor português, porque, estou certa, ali viriam a se deparar com algumas indicações úteis e eficientes, capazes de conduzi-los à boa vereda. Não se trata de um livro ideológico, ou de uma rede ética para repouso improvisado. A pequena análise espectral de Fidelino de Figueiredo nos dá nestas páginas, constitui, ao meu ver, um levantamento generoso das condicionantes agônicas do tempo que ainda não nos deixou e em que aquelas mesmas condicionantes teimam em permanecer, distendendo o que ele chamava de "intermédio entre as duas guerras", para cá destes primeiros meses, ou dias, talvez horas de paz que voltou aos lares dos homens. A noção de "cultura intervalar", certamente examinada — é claro que tenho de pedir exame e não aceitação pura e imediata — daria possivelmente crispações de interesse a cada um dos meus pobres ceguinhos... Vejam que estou pedindo para que adotem uma medicina de fácil acesso. Apenas que tenham a noção da cultura intervalar, e se coloquem dentro dela, no lugar que lhes reserva, em seu registro sismográfico o professor Fidelino Figueiredo.

Fidelino de Figueiredo aponta para a crise de nosso tempo a falta de uma "cultura condutora essa perda de magia ou feitiço dos ideais guiadores, que faz que os homens amem numa época o que noutra desdenham". Observa como naquele intermédio da história humana se pretendeu "sustentar o invencível ritmo da história e se organizou uma negação monstruosa da inteligência e da liberdade."

Pergunto: o fim militar da guerra será suficiente para acabar com o período estudado pelo escritor da "Cultura intervalar"? Creio que não, porque as suas causas profundas permanecem, enquanto não desponta a madrugada da "atomic age" e os vícios, a maldade e os preconceitos dos homens continuam mantendo as cercas de arame farpado que nos fecharam no período dado. Então, é oportuno e necessário citar mais a formulação analítica do ilustre escritor. Eis como ele nos descreve a essência desta fase histórica:

"Esta psicose moderna da intoxicação fascista... deitou tantas raízes e teve tantas convicções e dedicações a defendê-la e a construir tão cínica visão de mundo e da vida que não deixou de ter, em certa altura, sua legitimidade. Por isso o totalitarismo só é responsável pelo uso que fez do despotismo interno e pelo desencadeamento da guerra, mas não o foi, nem podia sê-lo pelo seu próprio nascimento e pela sua constituição. Veio ao encontro de uma necessidade mórbida do homem bárbaro: a vontade de servidão. A gênese dessa enfermidade coletiva tem de ser procurada no súbito abaixamento da mentalidade e da ética social do homem multitudinário, na Grande Guerra, na corrupção do homem ignaro, do centauro mecânico, pelas facilidades da técnica — em tudo isso que chamarei de a cultura intervalar ou anticultura, ou seja, essa espessa floresta de equívocos, erros e falsificações, de boa-fé e má fé destes decênios negros".

Ainda: "e toda essa massa de valores enganosos, que encheram a cabeça do homem médio, do "homem da rua", como preferem dizer os ingleses e os norte-americanos, e que dirigiram o seu coração e a sua vontade, se condensa na corrupção do gosto…" "…o sinal externo e militante da cultura. E a força do gosto que, que na política leva em dado momento os homens a morrer nas barricadas pela liberdade, mais amada que o pão e a vida e a endeusar os paladinos e mártires da dignidade humana; e noutros instantes da história os deixa preferir a escravidão, lamber as próprias algemas, bater-se pelo carrasco e motejar dos campeões da sua liberdade, como de figurinos cediços. Tais contradições provêm dessa coisa misteriosa, que é a evolução do gosto coletivo — a qual teve neste intervalo das duas Grandes Guerras uma fase triste de erro e turvação, com seus solícitos agentes confusionistas".

Pode-se, é claro, discordar deste ponto ou daquele, mas é muito proveitoso acompanhar o pensamento do escritor de

"Cultura intervalar", em sua notável exposição. E aos meus ceguinhos... estou apostando, faria tanto bem...

* * *

A quem me dirijo quando falo dos meus ceguinhos? São pessoas que andaram na minha estima e na minha admiração e que hoje se me apresentam como trânsfugas do ideal, da decência, do recato; pessoas que nunca apareciam nos clichês de uma coluna de jornal, e que hoje passivamente se abandonam à publicidade cinematográfica, em diferentes poses de página inteira, apenas porque aderiram a um Partido. São pessoas que eram livres, como os pássaros e que hoje se engaiolam nas acomodações reacionárias, ajustando suas concepções de arte ao que determinam os Donos da Verdade, embora nós, eu e as vítimas tenhamos consciência de que esses Donos da Verdade estão muito abaixo moral e intelectualmente do nível daqueles a quem submetem.

São pessoas que não se pejam de se pôr de quatro a "serviço do partido", e desfilam constrangidos pela Avenida Rio Branco na cauda de qualquer cortejo, bastando que lhes seja determinado. São infelizmente pessoas que estão ficando sem cara, amanhã estarão irreconhecíveis transformadas nos centauros mecânicos de Fidelino Figueiredo. Parece-me que são suicidas da própria liberdade, enquadrados e em marcha para o maior campo de concentração da história, por todos os países da terra — dispondo-se a tudo na VONTADE DE SERVIDÃO que emergiu o totalitarismo, na cultura intervalar... São esses, os meus pobres ceguinhos.

Literatura oportunista
14 de setembro de 1945

Jovens escritores desviados pela linha justa, propuseram-me, como a mais recente comentadora das letras, uma questão que me apresso em responder, nestas considerações literárias, na impossibilidade de lhes proporcionar uma sabatina... querem eles saber de mim, pois não acharam suficientemente claro o que venho explicando, qual a orientação que as letras vão ter neste pós-guerra que não há meio de começar, ou como formularia Paul Valéry, qual *"le destin prochain des lettres"* tema que forneceu um "entretien" inteiro aos membros do Instituto Internacional de Cooperação Intelectual, nesse longínquo ano de 1937. O mundo pensam eles, está se libertando para as esquerdas, e eu diria "esquerdamente".

Como serão encarados os problemas da criação literária nesse mundo em que não acaba mais de morrer japoneses vitimados pela lembrança da bomba atômica? É o que me perguntam, naturalmente sem as galas de estilo que aqui vão e que revelam, talvez um certo esmero na forma, coisa que deve escapar ao futuro escritor do Partido, aos literatos das "massas".

Efetivamente, o tema é sedutor, pois envolve a funcionalidade da literatura proletária ou "social" (havendo grandes debates sobre a sua denominação) o conteúdo do objeto, a finalidade objetiva, a objetivação do objeto, e toda a logomaquia que os pedagogos ditos "proletarizantes" gastam no seu apostolado. Ora, ensinava o velho marxismo que a superestrutura que a literatura constitui está condicionada, em suas raízes mais profundas, à estrutura econômica, condicionante que é de todos os fenômenos sociais. Qual a estrutura que perseguem os stalinistas, os prestistas et caterva? Qual a que, em sua cabecinha de doidivanas, está sonhando o melancólico partido? O Partido sonha e morre de amores por uma estrutura econômica ordenada num capitalismo "bonzinho", progressista, camarada, "não reacionário". O Partido vai embalado, numa corrida sem freios, para um colaboracionismo de classes que extinguiu completamente qualquer possibilidade de demonstrar a exploração do homem pelo homem, única saída para um literato "proletário" manifestar a sua febril devoção à causa operária.

Nessas condições, e estou apenas seguindo o que a linha justa procura defender, a transformação da política do partido — conciliação de classes, burguesia progressista, etc, negará a que se chamava antes "literatura social", proletária, etc. Dentro do campo de concentração a que se recolheram os escritores do partido, é fácil assinalar para onde vão os rumos da nova literatura, se a doença continuar progredindo... Nessa nova literatura, far-se-á, forçosamente, conciliação de classes. Desenhar-se-á, portanto, o patrão burguês de grande compreensão progressista, "liga" do operário em vez de arrancar de seu lombo a mais-valia, levando ao proletário aos seus "week-ends" em Petrópolis e até mesmo em Quitandinha, onde, numa tarde fortuita o feliz elemento construtor do progresso poderá até namorar a filha do referido burguês, acabando o romance na igreja de Caxias que o Partido vai construir e que até lá já estará funcionando... esse é um dos temas. Outro tema, mais alto, político, por certo, não é original, porquanto já foi tratado pelo major Amilcar Dutra de Menezes, ex-diretor do ex-DIP: é o que nos romanceará a vida de um ditador bonzinho, influindo beneficamente na felicidade, em *O futuro nos pertence*, novela mal compreendida porque muito se antecipou à época cinzenta que estamos atravessando agora, e em que possivelmente seria criado um prêmio para uma obra do gênero. Possivelmente, o modelo mais remoto dessa literatura, e que irá fatalmente ressurgir dos mortos, está na história maravilhosa da Gata Borralheira, quando uma fada progressista intervém e faz da pobre menina abandonada a dona do pé em que o sapatinho de ouro servia como se fosse feito sob medida... É essa literatura que predominará, transformando pastoras em princesas, garotas das lojas Brasileiras em noivas do "haute gomme", com minuciosa descrição dos lençóis, nas páginas das revistas elegantes ou galantes da cidade. Os jovens operários também estarão nas páginas apoteóticas da era da burguesia progressista, nadando tudo na inefável felicidade de cooperação de classes. Será uma beleza...

Outro gênero que talvez abafe a imaginação dos autores dos contos de fada progressistas será o da biografia romanceada dos líderes do proletariado, dos condutores das massas, como aliás já está acontecendo, pois foi consultado a Luís Carlos Prestes se ele consentia em ser novamente biografado, embora, para muitos, a novela de Jorge Amado encha as medidas. Prestes se dignou em consentir que sim, pois que mal faz uma nova biografia? É possível que esta seja a indicação do futuro, e que o jovem camarada que está na trilha do autor das "Terras do sem fim" tenha afinal acertado o passo na previsão da nova pepineira. Biografias e mais biografias, endeusadoras todas, naturalmente, lá podia ser doutro jeito?

Outro gênero ainda será o das coisas adaptadas dos romances russos, pois já se vive, neste Rio de Janeiro, de lições de russo de até 60 cruzeiros ao mês.

A derradeira calamidade está numa velha notícia de um jornal que o tempo amarelou, e será o enquadramento dos escritores num Sindicato único com os juramentos rituais de fidelidade à cooperação de classes e à simpatia para com o capitalismo não-reacionário. E estará então tudo feito.

É verdade que estas coisas não acontecerão aos escritores do Partido, que são medalhões acabados, os prêmios nobéis da literatura indígena, os que já construíram a sua obra, que a linha justa, segundo penso, não deverá alterar. Aliás, sinto, que estou sendo imprudente, porque pôde muito bem haver nas reedições, como aconteceu na edição brasileira da vida de Prestes, modificações para dar aos romances e novelas de outros tempos os "tônus" da idade da desfaçatez e da pouca vergonha que se anuncia, através de todos os desfiles, de todas as manobras, de toda essa enfiada de "táticas" sem decência alguma, sem linha alguma, nisso que chamam a linha justa.

Aí está, para os literatos do Partido que querem desfraldar a bandeirola da literatura progressista, um punhado de observações que penso que os ajudarão, úteis como procurei produzi-las ao encontro das aspirações que eles não sabem que estão alimentando.

É verdade que me esqueci de mencionar o caráter nacionalista daquela literatura nova. Será pontilhada de entrelinhas do me-ufanismo — cantará Volta Redonda e o petróleo de Lobato, assim como os fartos bigodes do generalíssimo... o que é afinal uma outra maneira de ser nacionalista e patriota. E os heróis, naturalmente, terão os nomes terminados em off, ou shenko, ou in, ou vitch... aí estarão as consequências finais para a literatura brasileira proletária, da linha justa em que o Partido desliza com a inconsciência de quem brinca com o fogo, sem saber que o fogo queima. Literatura oportunista, bela introdução à história da inteligência sob o signo do progressismo!

Pequeno prefácio a um manifesto
28 de setembro de 1945

Reiniciando a crítica literária cotidiana, o intelectual paulista Antonio Candido escreveu há dias no pórtico de suas tarefas: "pretendo tratar a literatura cada vez mais literariamente, reivindicando a sua autonomia e a sua independência, acima das paixões nem sempre límpidas do momento." Para os que estão envolvidos nos comícios destas jornadas, os escritores que se atiram às candidaturas para a Câmara dos Deputados, a plataforma de Antonio Candido talvez passe despercebida. Encontrei ali, porém, com verdadeiro interesse, um ponto de vista coincidente, e que eu pretendia no meio de outras das tarefas, também urgentes, cuidar de expor numa destas crônicas, que pela sua intermitência e nenhuma especialização, servem de repouso e de anteparo no meio dos embates desses dias apressados e equívocos.

Trata-se na verdade de defender as obras literárias pelo o que elas são e devem valer, aos olhos dos intelectuais que as cultivam. Porque, como observa Antonio Candido, atravessamos uma situação de perigo para as letras, e essa perspectiva o leva a pensar "na obrigação que temos de prestigiá-las."

Inicialmente, há que se pensar no papel particular de cada um, perante a enxurrada que a muitos arrasta... Uma adesão a um Partido não deve implicar, necessariamente, numa subordinação militante de serviços, a tal ponto que o intelectual acabe como os outros, pintando paredes ou fazendo discursos nas praças públicas. Mas há os que são conscientemente carregadores de andor pelas vantagens materiais e divinas que tais esforços trazem consigo. Esses não são os piores nem os verdadeiramente malignos e contagiosos. Fazem lá o seu negócio... Há porém os que se embebem de uma necessidade de carregar também o andor, certos de que estão exercendo o que adequadamente lhes cabe na ordem das coisas, e como são desprendidos servem de modelo aos jovens. É aí que a fascinação do erro começa e vai arrastando para o inferno os meus poetas e os meus escritores de amanhã. Recordo Rosa Luxemburgo na rigorosa seletividade no papel dos intelectuais, na severa determinação do trabalho imenso que é o de tomada de consciência pelo proletariado, o qual não tem tempo a perder com literaturas de qualquer colorido... Enquanto adquire os dados de sua ciência social, não pode estar fazendo aquisições paralelas que de maneira alguma irão contribuir para a formação de uma cultura ou de uma arte proletária. Os aleijões proletários, proletarizados, os folhetins "socializantes" como diria Sérgio Milliet, que querem influir na massa, deixam de ser literatura para se constituírem em reportagens da miséria, como se o povo não sofresse bastante miséria, capaz de lhe fornecer uma escada para a sua revolta... Sabemos que não é assim, e que estamos longe ainda do dia em que a consciência da própria inferioridade econômica, a escravização exploradora do capitalismo, coloque na mão de cada homem do povo uma flama de rebelião. Mas aprofundemos em exemplos concretos esta acusação: por que os partidos proletarizantes, não se metem a proletarizar a química, a medicina, a física? Não irá o proletariado na sua aurora distante de sua libertação, utilizar as conquistas da química, da física e da medicina decorrentes do conjunto das ciências que vão avançando sem uma hesitação, indiferentes à economia burguesa de que vivem? Então por que só a literatura e a poesia devem passar pelo processo de trituração proletarizante?

Agora lemos nos jornais poesias sobre o Partido de Prestes, em que tem de tudo, desde a boba ilustração até o apelo a estas grosseiras insinuações da Vanguarda stalinista e da burguesia progressista, e tudo isso metido em verso, como se fora algo mais do que subserviência vesga e precária. Recordamos também o mais gigantesco jovem Rimbaud de 1871: "A Arte eterna teria suas funções, como os poetas são cidadãos. A poesia não pautará mais a ação, ela estará à frente."

E é aí que é preciso chegar. Não importa para a poesia a instalação de uma sede do Partido na Bahia ou na Coreia. O que importa é o voo da imaginação para além dos muros do horizonte, para me servir de uma imagem de Fernando Pessoa onde se forja a ampla libertação do homem de suas guerras, de suas querelas de fronteiras, das eleições que o Kremlin está preparando para a Bulgária, dos empréstimos que os Estados Unidos vão fazer, ou da construção da indústria pesada nos países semicoloniais deste ano de 1945.

Burguesa mesmo ou não burguesa, carregada de resíduos de classe, ou libertada, como em certos casos de grandiosa prospecção humana, a literatura tem seus inimigos e é até fácil enumerá-los. Eles são assim discrimináveis, numa ordem odienta que não me cabe sistematizar, e que compreende o comercialismo, o sectarismo político, a igrejinha político-literária, o descaso pela forma baseado na importância do assunto, a desonestidade crítica, a suficiência favorecida pelo sorriso complacente dos "amigos" do escritor, a preguiça intelectual, a miserável rodinha... E há os amigos da literatura, fatores a cultivar, a incutir nos ânimos dos moços, como escreveu Antonio Candido no artigo citado: "precisamos convencer os jovens que há tanta dignidade em perder as noites estudando ou trabalhando em uma obra de arte, quanto em distribuir boletins e lutar pelo futuro. Não nos furtemos ao dever de participar da campanha, mas não esqueçamos nossos deveres para com a arte e a literatura. Vivamos o nosso minuto, mas procurando, como Fausto, pará-lo num assomo de plenitude".

Naquelas noites, portanto, que vos velem os verdadeiros amigos da literatura: a independência, a informação, a pesquisa intelectual, o esforço por fazer o melhor que possa ser feito, a persistência no treino e sempre, sobre esta persistência, a autocrítica... tenho certeza que através destas dificuldades aparentes surgirá em vossas mãos para iluminá-las o fogo de que falava o poeta — a força revolucionária da arte, indo adiante da ação, dos comícios, da propaganda e das manobrazinhas equívocas, dessa venda a retalho do ideal e da ideologia...

Talvez se devesse formular um manifesto aos críticos em torno desta ideia central: prestigiemos a literatura!

A sementeira da revolução
5 de outubro de 1945

Devido a uma certa legalidade, pensam alguns escritores — os intelectuais — que lhes cumpre participar dos trabalhos do Partido, na escala em que os políticos do Partido devem dar o seu esforço e o seu interesse pelo desdobramento prático da ideologia. Não cabe aqui discutir a topografia da linha política, mas a misturada irrefreável em que se esterilizarão para sempre os que se subordinam à prática do cordão, das ladainhas e dos sacrifícios rituais. A importância da legalidade, no plano em que ela agora foi oferecida e não conquistada, tem muito de relativo e de restrito para que dela precisem os representantes das letras. Sem dúvidas, nestas colunas, temos colocado a independência e a liberdade do escritor acima de tudo... e ao fazê-lo não limitamos aquelas duas condições à contingência do servilismo que o partido impõe aos seus militantes. É preciso fundamentalmente distinguir entre o militante e o escritor revolucionário, para se ter a noção mais alta do que é o clima de liberdade e de independência deste último, em contraposição à deformação que automatiza o militante, no enquadramento disciplinar em que jaz esquecida qualquer noção de vitalidade democratizadora atuante. A liberdade para o escritor está acima e adiante do grupo que trabalha nas tarefas cotidianas do Partido. Poderíamos fazer mais terra a terra a explicação se adotarmos uma imagem concreta do plano em que se desenvolvem estas fases da história do progresso humano. Sobre o chão de pedra, de areia ou sob a neve, o trabalho do escritor revolucionário estendeu para o futuro a mão que semeia, embora sáfaro, inculto e hostil o terreno.

Povos, soldados, estadistas, poderosos homens do dia passam por aquelas áreas e esmagam e espalham as tentativas da germinação. Indiferente, ou interessado, conscientemente ou não, o pensamento livre do escritor trabalha, entretanto, alimentando a sementeira, prodigalizando com a eloquência e a grandeza de suas insinuações vitalizadoras, elementos novos, forças fertilizantes das sementes perdidas, arrastadas pelas voragens das guerras, dos conflitos, da covardia e do temor, da opressão e do ódio... Os escritores revolucionários do passado e do presente não trabalham pelo imediatismo dos resultados efêmeros e passageiros. Eles estão muito adiante do esforço trivial, suas necessidades são muito profundas e suas sondagens estão esburacando os horizontes que cercam a visão dos contemporâneos. Como fazer, pois, que eles voltem atrás e se misturem com a turba para insuflar-lhes ideias por mais generosas que sejam as que fervilham dentro do cérebro?

Cabe fazer em tempo uma ressalva: o escritor que está sendo objeto de nosso comentário não é este ou aquele trabalhador das letras, mas o criador de uma obra literária, poética, crítica... Pode-se estender para os próprios "desinteressados" a marca fatal da inteligência criadora: ela será sempre, até indiretamente mesmo, uma fermentadora da revolução, pois qualquer posição reacionária não eleva os homens, nada lhes ensina, e assim nega automaticamente o motivo fundamental de toda criação, que, essencialmente, destina-se a arrancar do chão da realidade e do momento precário que acorrenta a condição humana, os seres envolvidos na comunicabilidade das páginas vivas do livro...

Procuremos examinar as origens dos dois revolucionários: o militante, o chamado "profissional da ação" em trabalho no Partido e o escritor revolucionário. Aquele torna-se consciente de seu papel, torna-se revolucionário e assim atua na luta que para implantação da sua ideologia é obrigado a travar no dia a dia das tarefas do Partido — quando o Partido luta, é claro, quando não pensa em fazer tudo no mole e deixar para as calendas as etapas da revolução. Aos que achem difícil compreender o que chamo luta vai aí exemplo: um militante diante de um operário não politizado tem de convertê-lo ao seu objeto de luta, tornar maleável a sua mentalidade, permeabilizá-la em "consciência" do papel que lhe cabe na engrenagem social, e para isto o militante tem um trabalho que é o de desbravar o caminho e debater com a indiferença, o alheamento, a preguiça moral, mental e até física do interlocutor... E tem de lutar para impor-lhe não só a consciência de classe que ele não tem em grau revolucionário mas para lhe oferecer uma saída adequada, emprestar-lhe métodos de conduta, segurá-lo na convicção, ganhar para sempre a sua confiança, de tal maneira que possa deixá-lo a realizar sozinho os seus progressos, integrado na corrente ideológica, adquirindo por sua vez a experiência, fazendo-se um revolucionário...

Mas, com o escritor acontece o contrário. Sua consciência de trabalhador intelectual não mercadejando com o seu trabalho, sua responsabilidade de liderança mental, ao produzir a página autônoma, transparente pela limpidez de sua verdade, está fazendo o papel de semeador... Haja pedras no chão, haja areais ardentes ou venha a neve siberiana fazer adormecer a sementeira, o escritor revolucionário vai longe, muito mais longe às vezes do que ele mesmo possa pensar que está andando, pioneiro e solitário no mundo de sua criação. Entendem-no as vanguardas, portadores da rebelião, a inteligência livre dos seus contemporâneos (como Jules Laforgue comentava Rimbaud), os líderes da atividade no plano da realidade política, e são estes os elementos que fazem a ligação invisível e impalpável daquelas ideias com as massas militantes a caminho da insurreição libertadora de um dia que virá... Dizer a verdade claramente, a verdade pressentida, embora apenas no murmúrio que a legenda pôs na boca de Galileu, o "eppur se muove", ou no grito da "Lettre du Voyant", ou no hermetismo dos poetas da resistência da França, é sempre usar revolucionariamente a expressão, e o escritor como peça de Partido não é alguém que possa dizer toda a sua verdade, como homem e como revolucionário. Que seja necessário declarar o respeito a determinados bigodes e esconder dos militantes um certo documento, a conformação disciplinar funciona. E assim tudo o mais, nas pregas da conveniência com que se veste a "verdade" da ação política do Partido. O trabalho do escritor, à margem do tempo e das tarefas imediatas é o de alimentar a sementeira da revolução, para que quando ela germine a emoção e a esperança atormentada do militante encontrem o que colher... A liberdade do escritor quebra as tábuas dos mandamentos partidários.

Problemas da crítica
12 de outubro de 1945

... não pretenderei esgotar o assunto, mas desejaria que os críticos perlustrassem a área destes meus problemas quando mais não fosse para o exame da hipótese. Críticos... No pobre mundinho que vamos navegando, nesta porventura idade de ouro do mercantilismo, inconscientemente talvez vão pensando os editores e os leitores que a crítica se limita a uma espécie de ligação pragmática, entre a produção da obra literária e o seu consumo. Melhor e mais claro talvez será dizer que a noção que se tem em geral, da crítica, reduz o trabalho dos críticos a um mero agenciamento propagandístico do livro. Quer me parecer que não será essa a razão de ser da crítica. Primeiramente porque não é ela apenas um veículo das qualidades do livro literário, um cartaz de propaganda. A crítica deverá estender-se pelo conhecimento adentro da obra de arte, desde a escala mais simples da compreensão geral dela até fazer-se estímulo vivo e atuante para o escritor. Na planície em que andamos nestes dias de mediocridade tem infelizmente aumentado a corrente dos entendidos que esperam o "leitor antecipado", o crítico, para saber que livro devem comprar. Salvo no caso em que a propaganda do "best-seller" rasga estatísticas norte-americanas demonstrativas da vendagem fabulosa, aqueles inocentes entendidos se limitam a esperar as "indicações" dos críticos. Mas a verdade é que os próprios críticos não se fazem mesmo outra coisa do que essa espécie de traficância intelectual que é a de encaminharem no mercado a sorte das iniciativas editoriais. E então porque insisto em pensar que não deva ser esse o papel da crítica? Responderei nesta primeira parte: em primeiro lugar porque a crítica se destina a julgar e assim emparelha-se, embora se coloque num píncaro, acima da obra panoramicamente tratada, ao próprio trabalho do artista criador... com todas as desvantagens de que tem em mãos um critério de valor, uma medida aproximativa dos abismos, das distâncias, das cordilheiras por onde andaram a sensibilidade, a imaginação e a expressão do escritor. Esse critério de valor é desvantajoso porque com ele chegará apenas a se aproximar da obra de arte, a julgá-la, a dizer dela aos meios artísticos e intelectuais, e, particularmente ao artista criador sem auferir a alegria de ter obtido uma outra obra de arte. Mas a responsabilidade do crítico é talvez maior do que do artista, pois o terreno deste pode ficar confinado à incapacidade de expressão de seu sonho, pode situar-se numa zona insondável para os contemporâneos, enquanto a obrigação do crítico é de escafandrista e caçador de pérolas... não pode alegar que a sua capacidade não atinge este ou aquele ângulo da produção literária. E cabe-lhe pela compreensão, pela simpatia, pela força de sua acuidade mental e sensível, abrir outros caminhos impressentidos ao bravio argonauta. Nestas alturas devemos parar para trocar em miúdos o arrojo das imagens: não se vá pensar que estamos a fazer literatura... Caberá ao crítico, mais do que escrever para a "a maioria" dos leitores, dirigir-se aos que buscam afanosamente a obra de arte. Dirigir-lhes as mensagens que o artista sugeriu, e a este, também, alarga-lhe o plano de trabalho, sugerir-lhe coisas por sua vez.

* * *

Outro problema da crítica é naturalmente este da qualidade do estímulo. Quem deve recebê-lo?

Pensam alguns que havendo certas qualidades numa tentativa de obra de arte chegou a hora de formular as palavras de animação para que se não perca, pela indiferença ou pela repreensão mais dura a "bela esperança que tanto promete". Creio que será errôneo agir assim. Pequenos e grandes escritores (em nossa escala nacional, o que tratarei mais adiante) tiveram e tem quem lhes encha a barriga com os elogios, os tais estímulos, e se tornaram insuportáveis. Pensam mesmo que são os tais... e toca a produzir. Quando são "grandes", na escala já citada entre os parênteses acima, ainda não é nada; mas quando são pequenos é de estarrecer a irresponsabilidade desabotoada que ostentam.

A culpa, aliás, é do atraso geral, deste desgraçado gosto de acomodação que nos embala na rede das facilidades em que nos estendemos...

Pois senhores, aos grandes e aos pequenos caberia tratar doutra maneira. A terapêutica desestimuladora talvez devesse ser a adotada.

Não sei quem me falava noutro dia a mesma coisa dos nossos pintores. Alegam que não vivem da pintura porque o burguês não lhes compra os quadros modernos. Então porque diabo não produzem bons quadros modernos? Foi assim nos primeiros vinte anos da pintura moderna na Europa. Não se vendia, não havia estímulo, mas faziam-se bons quadros. A vida de Cézanne foi assim, e nem me digam que ele era milionário porque bem que estava se ninando ele pelo dinheiro, desde que era a pintura a sua paixão.

Portanto, desde que o estímulo pode prejudicar os novos talentos "pequenos" de nossas letras, o melhor será negar-lhes pão e água para ver se sobrevivem. Será sempre uma experiência interessante, que não engordará a produção de livros ruins que nos assoberbam.

* * *

Vejamos agora a chamada escala nacional que coloquei atrás entre parênteses. De meu ponto de vista não temos grandes escritores. Costuma-se dizer, porém, de fulano ou cicrano: "Para o Brasil, contudo, trata-se de um grande escritor". Ou então: "Sua obra no Brasil, é já uma grande realização". E outras bobagens do mesmo quilate, incidindo num critério limitado pelo nosso atraso, acima e à margem da literatura mundial. Será esse o meio de conseguirmos uma linha alta de produção literária? Não estaremos pela crítica, dentro dessa escala protetora, para não dizer patrioteira, cultivando as nossas anemias?

Que um escritor sagaz imite Kafka saem-lhe pela frente os aplausos, que outros se embebam de Dostoiévski também não lhes tardam os louros de nosso maior ou melhor escritor... no Brasil, evidentemente. Então um crítico bem informado e conhecendo as fontes das muletas estrangeiras pode-se permitir um recuo que o reduza ao critério de nossas fronteiras fechadas para prodigalizar derramamentos adjetivosos? Então não vê eles que tais escritores vivem de fazer "tradução" de obras não produzidas pelos autores a que se atribui apenas "uma benéfica influência?" E que diabo teriam feito os melhores, os grandes, os gloriosos, se não tivesse havido Dostoiévski nem Kafka? Não é verdade que mais honestos eram Lima Barreto e Machado de Assis?

Então, vamos usar um critério mais universalista e vamos reduzir os excessos de entusiasmo, esse me-ufanismo mental a que não resistem os mais sérios críticos? Vamos começar a exigir de verdade?

Em defesa da pesquisa
26 de outubro de 1945

É verdade que se trata de dar um passo à frente no plano literário como em qualquer atividade intelectual e artística sempre se pretendeu, pois que há em jogo novas circunstâncias aprisionando ou libertando o homem... a pergunta é simples e sempre a mesma: se tais ou quais coisas acontecem, que devemos fazer? Qual o papel do intelectual? Qual o trabalho a que se devem entregar os artistas? Como escrever literariamente? Eis que se trata de dar um passo à frente e é preciso muito vista de ver e muita força de vontade e muita persistência para se conseguir saber onde é para a frente, aonde queremos chegar e transpor... Na circunstancialidade da obra de arte, da boa obra de arte que segundo Rilke só é boa quando nasce de uma necessidade, colocamos a esperança de que ela saia do aranzel em que se meteram as coisas. Mas ao mesmo tempo é preciso meditar nesta condição, pois que acabaremos indo para a frente, não há dúvida que iremos, mas é muito necessário, o mais possível limpar o caminho e desviarmo-nos das insinuações pueris que vigoram nos catecismos dogmáticos e dogmatizadores, com toda a força de mandamentos.

Não é viável, por exemplo, aconselhar o abandono da pesquisa, porque muito se vasculhou neste século... Os problemas de expressão são os mesmos para todos nós nesta hora em que se fala tanto do mundo por nascer. Nasça ou não mister é que nasçam nossas palavras, os nossos mundos... Por uma lição do passado, o presente pode sem esforço ser esclarecido, implicando, porém, em que se aproveitem profundamente as indicações. Aperfeiçoou-se a literatura, enriqueceram-se os gêneros pela contribuição "revolucionária" trazida pelos grandes renovadores, os quais nunca imediatamente tiveram o preço unânime das grandes massas populares. É claro que ficamos numa aplicação irônica do clichê, porquanto só agora estamos atingindo essa possibilidade de presença das grandes massas perante a obra de arte, e olhem lá, não por aqui. Em literatura, um contemporâneo de Ponson du Terrail como é o caso de Lautréamont, permanece na sua singularidade para as elites, quanto o outro foi devorado por multidões ávidas... No fundo, na inconformidade com o cotidiano que cerca os homens, e que felizmente nunca desaparecerá, tanto Rocambole como Maldoror "realizam", para planos diferentes da ânsia humana o mesmo tema da libertação e cada aventura. Em todo o caso, é o tipo singular do renovador, é aquele ignorado e desadorado pelas massas o que determina as etapas da evolução expressional. Os outros são apenas folhetinistas.

Essencial se torna, pois, pensar e cuidar da pesquisa... Talvez esse seja um lugar comum para muitos, mas na verdade um lugar incomum, fechado à perlustração dos que agora se prendem à literatura nos limites do social e do político, pensando que assim cuidam da literatura e da vida. Ora a vida das formas literárias na fermentação do processo de produção em que "intervém" nada tem com a forma política da militância e do partido. Pode contê-la, mas não estará de maneira alguma a ela subordinada. A literatura e a vida dos dogmatizadores não se enquadram, pois, penso eu, nessa forçosa "planificação" totalitária que se traduz numa sombria ameaça sobre os deveres, os costumes e maneira de ser de cada qual, inclusive dos artistas, que não são peças de uma engrenagem. Complexa engrenagem sim, são eles ao desvendar pela capacidade de criação que os alimenta, os horizontes que as multidões não atingem, quando passeiam pelo inferno e pelo paraíso, ou de novo empreendem as viagens prodigiosas de Ulisses, ou ainda mergulham no oceano da memória atrás do tempo perdido.

Ora, que há necessidade de pesquisa para o passo a dar me parece ser assunto sem discussão, pois não há necessidade não de se escrever um romance como Machado de Assis escrevia os dele. Passamos ou não por duas guerras mundiais depois disso? Que morta e sonolenta província do mundo teima ainda em ser este país?

Imagino a que código rigorosíssimo de deveres para consigo mesmo está preso um escritor como William Faulkner em cuja obra não se repetem, aparentemente, de livro para livro, jamais, os mesmos elementos de expressão continuamente recriados não obstante muitas vezes de um para outro romance seja transferido o mesmo tipo. Talvez viva nele agora dos vivos o melhor exemplo de insatisfação, de intransigência, de exigência mesmo... Por que e para quê? É fácil imaginá-lo: para ferir o inatingível, para se aproximar das fronteiras onde o indizível se esconde atrás de suas muralhas intransponíveis. A isto chamarei a luta pela defesa da pesquisa. Estamos evidentemente aqui num terreno desabitado, por onde passa pouca gente, onde não há quem entabule negócios de oportunidade, com muitas concessões, para facilitar o comércio, pois não interessa aos pioneiros vender em grosso para um grande público. É que agora demos de cuidar muito mais da literatura e da vida, da libertação do homem, da sua valorização, da sua elevação. E são premissas revolucionárias no plano quase que absoluto... O público, que se limite ao que é de seu entendimento. Os jornaizinhos infantis do maravilhoso capitão América.

Influência de uma revolução na literatura
9 de novembro de 1945

A Revolução Russa está fazendo 28 anos, e é uma idade já provecta para que um tema emerja no campo literário, tema que pretendo apenas oferecer aos mais capazes, noutro espaço também, pois se presta a largas divagações. A influência da revolução de novembro de 1917 na literatura é um fato assinalável facilmente nos domínios da língua russa, das letras ocidentais e neste nosso hemisfério... Não podia ser de outro modo: a primeira transformação se verifica na Rússia, onde se operou essa revolução com suas incisões profundas na carne e na sensibilidade dos homens. É uma literatura nascida de um traumatismo violento, entre uma ideia, a sua propaganda e a oposição de todos os preconceitos e costumes que visava mudar. Literatura dirigida, não é menos verdade que de grande só produziu o que estava vivo e atuante nos primeiros tempos do "comunismo de guerra". Por que? É difícil responder, desde que tudo decorre mais ou menos dentro das mesmas linhas, desde o "Cimento" de Gladkov até o "Don silencioso", aos quadros rígidos das reportagens romanceadas da resistência ao invasor alemão. Literatura dirigida ela sofreu na sua marcha interna o descambamento imposto pela degenerescência mesma que acompanhou a marcha para trás do "grande organizador de derrotas."

A literatura soviética não produziu depois do "comunismo de guerra", nem mais nem melhor. Ao contrário, a evidente decadência de um escritor como Gladkov, demonstra muito nitidamente que os próprios autores de algum mérito, surgidos do centro do processo revolucionário haveriam de minguar com o seu talento, a sua experiência e a sua esperança em ser úteis ao povo... é que na decorrência construtiva do socialismo stalinista, já não se tratava mais de liquidar os remanescentes prejuízos supostos de classe, mas de cristalizar em castas, sofregamente os despojos da conquista do poder, por uma ditadura em adaptação totalitária. No seu panorama da prosa russa contemporânea, Pozner revela-o francamente: "No plano literário, não houve revolução alguma". Efetivamente, quer se trate de um Ivanov ou de um Furmanov, nada há de revolucionário, mas apenas relações sociais, costumes e temas "mudados", sem que a maneira de os tratar tenha saído da retorta da revolução porejante da palavra nova que os mais ingênuos esperavam. Boris Schloezer evocava a propósito os nomes de Gogol, de Dostoiévski, de Tolstoi para declarar: "Não houve uma solução de continuidade."

A truculência, entretanto, da obra panfletária de Larissa Reissner, essas "audácias" de pequeno repórter que não sei porque elevaram ao grão internacional a produção descosida de Ilya Ehrenburg, o próprio vigor descritivo de "Cimento" (que agora se repete nas narrativas-reportagens-romanceadas que a guerra defensiva ensejou) e, também Pilniak, o documentário mais pobre porque até tirado de relatórios e das jornadas dos engenheiros e dos operários em "O Volga desemboca no Mar Cáspio", segundo Radek, estes fatores vieram afinal para fora da Rússia, recriando uma diretriz no romance e na novela realista, deformando-a para colocá-la não a serviço de um ideal mas dentro de uma fórmula que chegou a ser a da literatura proletária, passou pelo trauma da literatura social para acabar agora, sim, estamos no seu declínio, a se encafuar numa "literatura socializante" que não deveria prejudicar ninguém não fossem os sucessos mundiais mais recentes.

O atraso da literatura russa sobre as literaturas dos países ocidentais, da Alemanha a Portugal — até Portugal com Fernando Pessoa — é quase inexplicável, se se quiser considerar a revolução de 1917 como válida. Mas o campo literário era por demais estreito na Rússia e a forma, a imaginação e a liberdade de criar se foram cada vez mais constringindo a uma repetição sem remédio. Na verdade, não se fazia grande caso da ideologia. Radek, por exemplo, que começou a dar palpites literários com uma ingenuidade de estarrecer, conta-nos maravilhado a fatura do "O Volga desemboca no Mar Cáspio", dizendo que depois de recolher todo o material no local das obras, convivendo com os trabalhadores e os engenheiros nas suas jornadas no grande rio, Pilniak produziu um manuscrito chato e desinteressante, que leu a ele, Radek. Faltava o "fermento" ideológico. Foi feito então, pelo mesmo Radek e outros, um vasto trabalho a fim de injetar o vírus revolucionário na obra. E Pilniak reescreveu o manuscrito. Quando ficou pronto, Radek maravilhou-se: que demônios são estes homens das letras, exclama de boca aberta. Não é que Pilniak nos deu afinal um livro revolucionário!

Enquanto isto, na Alemanha, França, Madrid, Londres, uma plêiade trabalhava no campo da revolução dentro da literatura indo até as fronteiras do automatismo psíquico e penetrando no inconsciente... A revolução das letras de Joyce, Woolf, Malraux, nem de longe podia ser acompanhada pelos russos. Eram linhas paralelas que não se misturavam embora Malraux por exemplo, estivesse metido até o pescoço na revolução da China. É fácil observar o fluxo para o ocidente da literatura dos russos depois da revolução, como o refluxo com que certos círculos do ocidente responderam... Tratava-se de ser popular e o fascismo aparecera. O grande romance mundial do antifascismo surge do campo italiano, é "Fontamara" de Silone, que tanto stalinistas (Radek), como a oposição (Trotsky) exaltariam pela consonância com o que desejavam e as letras russas não haviam dado. Não podiam dar. Talvez tivessem os russos, além da degenerescência burocrática da revolução, desprezado a condição humana na soma dos elementos com que trabalhavam. E talvez, também, por isso que a obra máxima de Malraux levaria por título a sua inteligência do problema da literatura revolucionária: "A condição humana"... em todo caso Malraux, Silone, Bruno, Traven, o próprio Charles Plisnier de "Fauxpasseports" dão o seu testemunho literário sem se perder na reportagem-romanceada da literatura russa depois da revolução.

Não é à toa que Vaillant-Couturier citava a resposta de Furmanov Dmitriy Andreyevich como grande prova de um homem "au sens le plus humain du mot mais aussi d'un combattant de classe à la volonté de fer", à pergunta no inquérito sobre as condições de trabalho e da vida dos escritores na Rússia:

— O trabalho literário é vossa principal preocupação ou não?

E Furmanov, com a sua vontade de ferro:

— O Partido não saberia autorizar os seus membros a se consagrar unicamente a esse trabalho.

A literatura provinda da revolução traída bateu por este hemisfério dissemos atrás. Aí pela curva de 1930, depois das primeiras traduções de "Judeus sem dinheiro", "Passageiros de 3ª", etc. a preocupação social estremeceu os nossos jovens escritores que desandaram com Jorge Amado à frente, a tirar das reportagens da produção suas pretendidas ficções. O gênero já deu o que tinha que dar — outros rumos surgem e deverão reabilitar esta precária literatura brasileira. Para isso trabalhamos. Do ponto de vista literário foi negativa para o mundo e para nós a influência ou influência decorrentes da revolução de 1917. Uma literatura traída.

Elogio e defesa de Ignazio Silone
16 de novembro de 1945

Por um desses acasos que bem servem para delimitar fronteiras, no mesmo dia em que esta crônica colocava Silone como o autor da grande novela mundial contra o fascismo, numa simples referência, pois nossa intenção se situava na literatura russa depois da revolução de 1917 — os rapazes da "Tribuna Popular" atacavam o notável escritor de "A semente sob a neve" com meia coluna de vitupérios, para chamá-lo de "conhecido provocador trotskista", "repulsiva figura de falso socialista", irmanando-os aos integralistas... Aos que dão uma importância às coisas da inteligência e da sensibilidade, e que conhecem a obra e a figura de Silone, sendo que mais alto ainda do que tudo falam as suas atitudes agora na luta pelo socialismo na Itália, não deixará de ser chocante a leviandade com que jornalistas que se dizem antifascistas saem assim a campo, grosseiramente, para envolver com a sua baba, repulsiva, cabe agora o adjetivo, o nome do maior escritor antifascista da Itália, aquele que, único no mundo, nesse papel, recolheu os aplausos oficiais do stalinismo e da oposição trotskista. Naturalmente, o jornalistóide do tópico da "Tribuna Popular" não leu "Fontamara" porque não se compreende, senão um caso de má fé ou burrice, ou as duas coisas ao mesmo tempo, que a esse livro se referisse dizendo apenas que Silone "fez fama com uma novela chamada *Fontamara*." Efetivamente foi Silone o homem que recebeu de Radek no discurso pronunciado no Congresso dos Escritores Soviéticos, em agosto de 1934, sobre "A literatura mundial e as tarefas da arte proletária", o elogio assim expresso: "Que se procure encontrar um só escritor notório contemporâneo que tenha escrito um livro verdadeiro sobre o campo italiano, um livro que possa convencer os camponeses e a nós mesmos. Existe um livro verdadeiro sobre a questão, o de Silone, que descreveu um quadro fiel da aldeia italiana e é um inimigo do fascismo. A verdade sobre o campo italiano, pode consistir nisto; em saber que o fascismo não suprimiu a exploração dos camponeses pelo capitalismo, mas agravou a opressão que pesa sobre eles." Entretanto, um ano antes, em julho de 1923, escrevia Trotsky sobre "Fontamara": "Livro notável. Da primeira à última linha, é dirigido contra o regime fascista na Itália, contra suas mentiras, suas violências e seus horrores. Fontamara é um livro de propaganda política apaixonada. Mas a paixão revolucionária eleva-se aqui tão alto que engendra uma autêntica obra de arte. Fontamara é uma pobre aldeia abandonada do sul da Itália. Em toda a extensão das 200 páginas do livro esse nome é como que símbolo de todas as aldeias italianas, da sua miséria e do seu desespero, mas também da sua revolta."

Literariamente falando não posso deixar de qualificar mesmo acima de "Fontamara" pelas suas incertezas e pesquisas "Uma viagem a Paris" contos com o mesmo conteúdo daquele numa forma comunicativa, que abrange a expressão literária no estilo e no objeto.

Essa obra de Silone deveria ser seguida pelo "Pão e vinho" e a "Escola dos ditadores" e finalmente, já começada a guerra, "A semente sob a neve"... São três livros mais além de um de debate político, publicado antes de "Fontamara", na Suíça. Nos três livros que mencionei acima, o autor de "Fontamara" permaneceu antifascista e um sincero e decidido lutador da causa do proletariado italiano e mundial, e não como quer o pobre argumentador da "Tribuna Popular" um "inimigo da classe operária italiana". Entretanto, esta disposição de elementos nos dá oportunidade para situar Silone, na crônica literária da semana...

Deixando para trás "Fontamara", na sua altura indiscutível de uma obra prima que arrancou sangue da cara fascista ao fustigá-la com as suas vergastadas, deixando para trás "Pão e Vinho", essa aventura perigosa em que um conspirador percorre a Itália sob Mussolini para fazer uma sondagem nas águas submarinas da nação escravizada e examinar-lhe as possibilidades de ressurreição e de revolta — obra densa de intenções sutilmente infiltrantes, até antecipadora das condições em que o fascismo viria a cair — vejamos o famoso documento com que Silone respondeu à controvérsia aberta em torno de "A semente sob a neve", em 1943, sua última palavra que me chegou às mãos. É uma carta altamente perigosa, mas cuja advertência não foi ouvida: havia muitos canhões disparando na ocasião, e pensava-se que a guerra decidiria tudo. A carta de Silone, publicada na Europa e nos Estados Unidos, não encontrou o ambiente para uma inteira compreensão. Hoje, suas palavras ressoam como post-scriptum da paz que aí está. "Esta guerra, dizia ele, não é como a de 1914. Pode-se dizer que é outra guerra para a divisão imperialista do mundo, mas essa não é a história toda. Desta vez o desfecho não constitui matéria de indiferença para aqueles que esperam o aparecimento de uma nova sociedade, pois dele depender a sobrevivência daqueles vestígios do cristianismo, do humanismo e da democracia sobre os quais poderemos mais tarde construir e reconstruir. Mas a luta entre fascismo e liberdade não será decidida no plano militar. Nesta batalha devemos ter em vista uma Terceira Frente, que passe através de todas as nações e que, independentemente de qualquer governo, conduzirá às decisões reais. E a essa Terceira Frente que me apresentei como voluntário para lutar. E por isso que não me vereis servindo como um piloto de avião de bombardeio ou como condutor de "tank", mas somente como um combatente isolado, atacando o inimigo atrás de suas próprias linhas precisamente no ponto onde ele se julga mais a salvo e mais invulnerável."

Esta crônica começa aqui a não me pertencer mais... Não é possível senão mencionar as grandes palavras de Silone, antes de sua volta à planície política, onde há que lidar com tantos energúmenos. Registro para terminar os últimos períodos: "Há ainda outro mito a ser refutado, é o de que em todos os países onde os meios de expressão de opinião são monopolizados pelo Estado, os homens não podem mais pensar livremente ou audaciosamente. Mas a verdade é justamente o contrário; os maiores, os mais audaciosos pensamentos sobre a liberdade saíram de nações onde a liberdade cessara de existir. O espírito humano não se deixará nunca transformar numa máquina. A liberdade humana e a dignidade humana são concepções que jamais perecerão".

Lembro-me do princípio desta crônica e não me importa mais a razão dela. Folheando "Pão e vinho", encontro sublinhada esta frase que agora leva endereço "...ao empregado de um Partido nada tenho a dizer".

Peço a palavra!
30 de novembro de 1945

Era uma vez um povo que procurava sair de uma trapalhada ditatorial, embora por todos os seus partidos, por todos os seus líderes, por todos os que se interessavam nesse objetivo os venenos e os vícios do período por que haviam passado, pesassem tremendamente no trauma da libertação para a democracia. A cronista que procura fixar aspectos dessa transformação lembra-se naturalmente de outras histórias, outros povos, que em ocasiões como essa se puseram a caminho pela estrada dos seus direitos políticos e desemaranharam o pesado maquinismo das truculências feudais e dos sombrios períodos czarianos. Amanhã ou depois estarão outros cronistas, em dias porventura mais luminosos, noutros dezembros da história, a lembrar-se do povo que está aí nas ruas e nos comícios, e a escrever como hoje — "era uma vez um povo..."

* * *

Escrever sobre a primeira eleição que se realiza neste antigo território dos botocudos, depois do último curto período de manigâncias caricatas de fascismo em que a maioria tem a culpa e em que se acumpliciaram autoridades e responsáveis em todos os setores da vida nacional, como lograremos "sair desta" na fala do povo?

Democracia, e democracia ainda da mais velha, daquela de há 150 anos atrás, visada pela revolução dos Dantons e Marats, que é ainda o que se procura neste tateamento de trevas em que poucos possuem lanternas para iluminar o caminho. A última semana está terminando antes das eleições democratizadoras, na pretensão de que se revestem desde os demagogos do "fascismo vermelho" aos remanescentes da "democracia verde" ambos lançando confusão pelos olhos e pela boca, ambos servindo ao regredir no tempo aquelas vésperas da madrugada dos direitos dos homens. Estamos anacrônicos no limiar da Idade Atômica, passeando os rabos de palha desses "candidatos do povo" pelas paças e pelos circos, solicitando votos e fazendo promessas. Democracia, quantos estão abusando dessa palavra vazia de sentido, em discursos, artigos e ardores totalitários? Democracia sim, mas, que democracia? Quem pensa em termos de democracia e quem pode na altura dos bons burgueses da grande revolução consequentemente pensar que o mandato democrático do eleitor lhe dá o dever de "quando o governo violar os direitos do povo, admitir e participar da insurreição que é para o povo e para cada porção do povo, o mais sagrado dos direitos e o mais indispensável dos deveres?" (XXXV, *Tables des droits de l'homme*, 1793).

Segue-se que a democracia abraçada por um povo é um dever de luta pelos seus direitos. Isto é essencial que se diga, como é essencial que se pense, nestes dias em que se açulam tantos apetites e tantos ratos aparecem, alguns até de coleira, esbraveje pé uma Delegacia de Ordem democráticas atrás do queijo das posições.

Democracia é um plano só para todos. Contradiz-se o Ministro da Justiça quando fulmina, com os olhos na situação deposta, o "delito das ideias" e deixa de pé uma Delegacia de Ordem Política e Social com os seus líderes especializados, e até mesmo essa Polícia Comum que só sabe tratar das suas investigações a cano de borracha e torturas físicas, desde as "geladeiras" às agressões pessoais, como se não se soubesse neste desgraçado país que criminologia é ciência.

Democracia é um plano só para todos os partidos. Os integralistas estão reunidos sem segredos, felizmente, num partido que se diz de representação popular. Tem direito de aí estarem e de apoiarem o candidato à presidência que julgam mais próximo de suas aspirações... fascistas. Os partidos democráticos, que não reúnem integralistas, tem o dever de lutar pela democracia, arrancando os aderentes daquele partido, por meio de uma vasta infiltração de ideias esclarecedoras, capazes de transformar os trustificadores marca Padilha, com a educação das massas que estão ainda à esteira do bando que formou na orquestração hitleriana e mussolínica. Em 1935, em Paris, militei contra os "Camelots du Roi" e os "Croix de Feu", em companhia dos socialistas e comunistas franceses, mas nunca ouvi, nunca passou pela cabeça de ninguém, que o governo e o Estado ou a polícia viessem para a rua reprimir a hidra fascista, na sua propaganda, já que o governo, o Estado e a polícia francesa estavam no regime democrático--burguês. Podíamos, em grupos ou individualmente, impedir que os fascistas do cel. de La Rocque entrassem, por exemplo, no 17ème Arrondissement em uniforme, com distintivos, ou para vender seus jornais, desde que essa zona era um bairro densamente operário e devia ser defendido. Mas nunca que uma Polícia Especial ou um Socorro Urgente intervisse nessa proteção, porque então a própria polícia entraria no cacete.

Democracia é um plano só para todos os Partidos. O Partido Comunista que anda por aí solto — e fomos nós também a favor da anistia, só lhe lamentando as restrições — tem todo o direito, tanto quanto os integralistas, de fazer toda a sorte de canalhadas, como anda fazendo, sem que os antigos "verdes" de Plínio Salgado, a próxima constituinte, por mais reacionária que seja, os católicos, o futuro presidente da República, brigadeiro ou general, se metam com a sua vida. Cabe-nos a nós da vanguarda socialista desmascarar, no cumprimento do dever democrático, de defesa dos direitos do povo, sofismados por Prestes e sua quadrilha, todas as deformações que o marxismo com doutrina e como método está sofrendo nas injunções da "linha justa" russa.

E que pensar então do "queremismo"?

O "queremismo" para meia dúzia é um negócio. Para o povo que está ainda empolgado pelo "Pai dos pobres", o novo tipo de sebastianismo que se forma na esperança de que Getúlio volte, de que "dentro de três meses" o homem estará aí de novo, é necessária uma grande, uma intensa, uma viva atuação de todos os que, bem-intencionados dentro da democracia burguesa queiram trabalhar nessa obra de esclarecimento do maior crime de nossa história política, que foi a mistificação levada a efeito pelo criador do Estado Novo. Condenamos Getúlio Vargas pelo crime de ter feito do poder uma ditadura. Mas não somos democratas burgueses, e a nossa condenação é apenas ideológica. O Estado burguês democrático não deve tirar os direitos políticos a Getúlio, nem o deportar pelo simples fato do exército ter afastado do caminho esse escolho, esse lixo que obstruía a conquista das eleições de 2 de dezembro. Burgueses democratas podem sim pegar Getúlio pela gola e colocá-lo diante da justiça comum, porque não lhes faltam especificações para denunciá-lo como falsário, por abuso de confiança, como mandante de numerosos assassinatos, peculatário, e o que mais se apurasse se houvesse uma devassa como devia haver para salvaguarda da propriedade privada deles, da segurança pessoal dos cidadãos e da vergonha nacional.

Democracia é um plano só para todas as ideias. Em 1937, um escritor francês, Jules Romains dizia na cara de uns fascistas presentes num Congresso de Escritores ser a liberdade de opinião na França tão grande que a maior dificuldade que ele encontraria seria escrever alguma coisa contra o governo a que fizesse esse governo colocá-lo na cadeia. E onde não existe essa liberdade, a grande dificuldade consiste em se poder escrever qualquer coisa, mesmo sobre a lua, que não dê azo a que governo ou os seus régulos coloquem jornalistas e escritores na cadeia.

Democracia burguesa não é regime fascista, nem intervencionista, nem totalitário, embora estes se disfarcem sob os rótulos de franquismo, salarismo ou "ditadura do proletariado". Democracia burguesa é um plano só, de liberdade das ideias. Das graduações várias que vão da escolha do brigadeiro ao engenheiro Fiuza, passando pelo candidato Dutra e o agrário

Rolim Teles, a maioria de votos é que decide contra as outras minorias. Dentro da democracia burguesa não há como sair destes limites. Seus princípios não podem exorbitar do capitalismo, e do conjunto de ideias e costumes que o cerca.

A vanguarda socialista caminhará dentro da democracia burguesa levando desfraldada a larga bandeira das lutas sociais, pela extinção do capitalismo, da exploração do homem pelo homem, na larga estrada que conduz a uma outra democracia, a democracia socialista, generosa fraternizadora dos povos de todos os continentes.

A democracia burguesa em que vamos entrar nos servirá apenas como o marco zero de nossas tarefas. Daí em diante arrojaremos dos ombros as cargas que conduzimos até agora.

Sérgio Milliet e o papel do intelectual
7 de dezembro de 1945

Neste domingo de eleições que é um luminoso domingo de dezembro, de uma claridade quase simbólica na variação atmosférica de uma primavera que não teve ainda dias de sol, certamente vai passar desapercebida a página de Sérgio Milliet, num dos nossos suplementos literários, em que, sob o título "Uma retificação", o ágil espírito do "Diário crítico" nos relembra um episódio dos idos de julho deste ano, cuja atualidade permanece, senão aumenta, pela incidência de circunstâncias que permaneceram e que aumentam... Esta crônica literária tem tratado indiretamente muitas vezes do papel reservado ao intelectual perante os partidos que se atribuem uma função revolucionária e renovadora, no caso da retificação que Sérgio Milliet julgou necessária o Partido Comunista de Prestes. Trata-se do discurso com que Sérgio Milliet devia saudar o poeta chileno Pablo Neruda, em sua visita a São Paulo, num banquete que lhe ofereceram os líderes comunistas-prestistas. Um conselheiro destes últimos, o sr. James Amado, tendo conhecimento do discurso, ponderou a Sérgio que seria inconveniente pronunciá-lo, no momento. Assim: "para que não se criem lendas em torno nem sejam exploradas palavras que não pensei", justifica Sérgio a publicação do discurso, agora, meses depois do incidente. Acho muito justa e útil a publicação que fez.

Divirjo do discurso de Sérgio numa palavra, o adjetivo colocado diante da "fala" de Prestes no Pacaembú. Não posso achar "belo" esse discurso. Creio aliás que a palavra está colocada ali mais ou menos à toa, sem o caráter de imprescindibilidade que se deverá emprestar a um acordo entre o qualificativo e o pensamento crítico de Sérgio. Na verdade, é ele mesmo que desmancha o conceito da beleza do discurso, quando lhe aponta a deformidade, o sentido pejorativo que Prestes emprestou ao esquerdismo, e que constitui na verdade o ponto de partida para o discurso inconveniente de Sérgio Milliet. Não estendo a unha para o peão da influência trotskista denunciada pelo bravo líder, por que Sérgio também passa de largo o exame do caso. Mas quanto a esquerdismo parece-me acertado o que consta do discurso tanto tempo segregado na gaveta do escritor.

O problema da participação do intelectual, assim, enquadra-se dentro da terceira hipótese de Sérgio Milliet: na crítica desassombrada e livre. Para o escritor, o verdadeiro intelectual, o problema seu, íntimo, profundo, mental e artístico, para melhor abranger todas as fronteiras de sua personalidade, não consiste apenas em aderir, em tornar-se uma peça no conjunto. Não é a educação burguesa culpada disto, mas sua sensibilidade, seus desejos e aspirações, seu ideal de libertação, que não ficam na delimitação partidária, e ainda menos nas conveniências estritas do jogo político, que não é aqui examinado na sua trama, mas apenas mencionado como entrave que é ao fluir das ideias e da atividade criadora do intelectual. Naturalmente, pela própria contingência de fatos, brutais, o choque entre Gide e uma realidade revolucionária há de preferir o escritor, em muitos casos, antes de isolar-se, gozar a liberdade que lhe dá a ordem de coisas democrático-burguesa, onde ele é considerado pura e simplesmente "poeta" ou "idealista", e quando pioneiro incompreensível "um sujeito de gênio, mas sem nada de prático", ou um excêntrico... Esse marginal então, goza de liberdade, da liberdade que lhe não sabem conferir os homens de esquerda... nem tão da esquerda dos partidos políticos.

O idealismo (no sentido sério do termo) com que Sérgio se insurge contra a falta de compreensão do problema fê-lo cometer a "gafe" de anunciar que se fosse dirigente do Partido Comunista de Prestes se congratularia com todos os que considerassem a participação dos intelectuais como necessária no papel da "crítica desassombrada e livre". E ainda ajunta: "Nada mais útil, nada mais benéfico à ação política do que a certeza da existência de um controle imparcial e exercido com honestidade". Pois sim.

Fica de tudo a ratificação da atitude de Sérgio Milliet, da imutabilidade com que ele preferiu antes desistir do discurso do que lhe trocar as vírgulas inconvenientes. Nesse sentido "Numa retificação" dá exemplo e faz época, mostrando-nos a participação do ilustre intelectual na crise social e política mais imediata. Agradecemos sua defesa da liberdade do intelectual, só lhe reprochando tanta demora... A família vai se reunindo, os que andavam transviados voltam aos poemas, nós temos um mundo inteiro que é nosso território e onde não importam os chefes e a sua arrogante infalibilidade.

Nossa indisciplina não nos inibe de ver nitidamente, a olho nu, os erros palmares em que tantas vezes incorre aquela infalibilidade indiscutível, e, no caso vertente, a colher sem parar os pecos resultados de derrotas após derrotas.

Casos de poesia & guerra
21 de dezembro de 1945

Há nos poemas de "Mundo Enigma", de Murilo Mendes, principalmente, uns "tônus" de guerra porque o poeta nesses dias que vão marcando os poemas de 1942 é apenas um "ouvinte da guerra" que registra na "Noite de junho" o seu "desejo de subsistir no desconhecido", desejo que:

"Vem do ar minúsculo
Vem da irregular musa distraída
Vem do massacre dos reféns inocentes. "

Assim, portanto, o mal da expressão sofre obsessivamente da fatalidade sempre de pé diante do poeta. São aqui os "Tempos Sombrios":

"Servida a sinfonia, poderíamos nos sentar,
Cruel é o azul: de um buquê de vidas
Surge a guerra.
Sinistro planejamento...
Todos pisam em crianças que foram".

E mesmo uma fatalidade a guerra intervindo na noite do solteirão amargo, em "A Fatalidade":

"A grande sementeira de espadas
Atrai o olhar das crianças".

Fatalidade, ainda mais no exemplo seguinte de "A noite em 1942":

"Tuas penas de amor
Alimentam seres desertos
A fatalidade com pés de bronze
anuncia as núpcias solenes
— cerimônia matemática —
do adolescente e da guerra".

Aqui me parece que chega de dar exemplo. Não é preciso explicar mais o esmagamento com que o poeta se dá conta que diante dele há um mundo e no mundo um enigma, e esse enigma para ele deve ser, pela chave que nos oferece — em Murilo nada há deixado ao acaso — é a fronteira em sangue, todas as fronteiras em sangue, impedindo a comunicação da poesia, que ele põe nas "asas da semente", para quem julgue e queira teimar em julgar a sua uma poesia hermética, desse hermetismo sistemático que se acredita ser o apanágio da poesia que se opõe ainda, para muitos, ao parnasianismo... E naturalmente elementar esse pequeno poema-chave, mas nele bem se sentem as alturas nos muros circundando o território do poema, com a enorme força do trombone simbólico. (Comprem o livro e se quiserem saber do que falo leiam a página 29 o poema "Trombone").

Assim, o poeta andou sofrendo as dores dos "crimes de guerra" e o livro sai agora quando se julgam os criminosos de guerra e certamente não há nada em comum do Tribunal de Nuremberg com este livro, porque a voz do poeta é mais geral e não tem nada que ver com os indivíduos envolvidos na encrenca.

Mas sinceramente, a obsessão da guerra não precisava ser imediata como aconteceu para que a canção do "Poema barroco" saísse com o acento impressionante com que se dirige no cenário de sua grandeza no reconhecimento do sentimento de impotência com o que o poeta reza na madrugada, misturando os rumores da rua com o espaço e o tempo, numa libertinagem ousadíssima que tudo centraliza para o efeito final mesmo do barroquismo que é a soma de todos os elementos disponíveis e postos nos versos grandiloquentes. Ainda continuo sem achar o hermetismo.

Se esta crônica tratasse de crítica, deveria eu me referir a passada poesia de Murilo para lhe confessar que achei mais sentimento trágico em "O visionário" — na verdade o maior dos compêndios do poeta principalmente na última parte. E deveria ser assim? Então uma guerra que só acaba com a bomba atômica não inspirou mais do que a própria catástrofe do poeta no escalonamento do trágico? A resposta para as duas perguntas poderá ser uma só. A vida do poeta é mais importante e os seus conflitos maiores mesmo do que uma guerra grande e esta não inspira, antes deprime, donde a poesia do "Mundo enigma" só deixa escapar uma pura abstração-reativa, de um valor violentíssimo como é "O penacho" que só poderá ser compreendido sobre o suporte de um chão extasiante, o da autonomia do poeta diante da vida e dos acontecimentos.

A invenção de Maria da Lucidez é fraquinha para quem como o poeta sem Maria nenhuma já possuía e possui tanta lucidez. Mas homenagem não se discute, vá lá.

Na segunda parte deste volume, que vai completando meticulosamente o conhecimento da obra poética de Murilo Mendes na cronologia mais arrevesada que já se viu para se publicar poemas, todos de vários tempos, ressurge o mesmo herói da primeira parte do "O Visionário", com o seu canhenho de fatos diversos, pequenas imagens desdobradas em grandes poemas, embora de pequeno tamanho, o que é preciso mencionar para que me entendam...

Ainda a poesia mais insignificante de toda a obra de Murilo é poesia... Entretanto, a coitada da poesia anda servindo de rótulo a uma versalhada sórdida que povoa aos domingos os suplementos dos jornais, quando não aparecem em revistas. Os versos que a musa do Partido Comunista anda inspirando, no chato plano em que se coloca hoje a bandeira descorada dos rapazes da rua Conde de Lage, são de fazer a poesia fugir definitivamente da palavra versificada...

A propósito, leio na "Revista Acadêmica" de Murilo Miranda, um desses compostos a que também muita gente chama poema, assinado pelo sr. Oswald de Andrade, antigo herói do "Pau Brasil" agora em marcha batida para o Brasil pau... O "Canto do pracinha só", datado de depois da guerra, pela primeira vez apresenta o poeta em armadura mavórtica, mandando o pracinha marchar, combater, lutar, por causa da

Pátria que espera as façanhas do referido pracinha só. E sem dúvida engraçado encontrar Oswald de Andrade, agora, em delírio guerreiro sob a inspiração patrioteira:

"Mas eu ouvia baixinho
a voz da pátria falar".

Ora, Oswald não sofre da penúria de inteligência que reveste os cantores da "burguesia progressista", que chegaram a versejar sobre o tema da Constituinte. Pode ser que o "Canto do pracinha só" só deva a incursão do poeta pelo Partido de Prestes donde saltou de paraquedas conforme sua graciosa expressão. Mas é uma lástima ter de registrar como exemplo este trecho:

"Pracinha são teus irmãos
Churchill Truman
O eterno Franklin Delano Roosevelt
O trabalhista Attlee
O camarada Prestes
O marechal Stalin".
Irmãos por parte de quem?

Será que tais cantos vão impedir ou retardar a publicação do terceiro volume de "Marco Zero", no qual continuo esperando que ressurja o pioneiro das "Memórias sentimentais de João Miramar"?

O lugar do poeta, seu território de liberdade, sua luta e sua epopeia independem do pau de vassoura no ombro e do chapéu de papel na cabeça...

O Pensamento de Lima Barreto
28 de dezembro de 1945

A literatura de Lima Barreto, os seus romances e os seus contos, embora as restrições que os persigam, acham boa acolhida nos meios literários do país, os nossos dois ou três centros onde pululam os intelectuais, e só. Ninguém nega o valor a tais contos e romances, mas ainda sempre sob o aspecto literário... E assim, a literatura de Lima Barreto, os seus contos e os seus romances passaram a coisa de nossa bagagem no mundo da ficção, sempre ainda sob o signo da boemia do incorrigível engole garrafas de Todos os Santos. Não se quer mencionar de maneira alguma o pensamento de Lima Barreto, contido nos símbolos de seus livros e ainda mais nas relações de classe dos seus personagens, mas particularmente contido no nobre prefácio de "Histórias e sonhos", e jogados ao acaso, como pérolas, nas colunas da imprensa cotidiana, donde o volume de artigos agora raro, editado em 1923 pela Empresa de Romances Populares, sob o título "Bagatelas"... São velhos artigos, na forma talvez um pouco "démodés", mas na essência que os anima palpitantes de vida e de atualidade, para não dizer permanência, que é a palavra mais apropriada ao caso, não obstante o choque que forma no espírito do leitor. Entretanto, é só correr os olhos pelo que escrevia Lima Barreto em 1917, 18, 19, e 20 — o escritor morreu no dia 1º de novembro de 1922

— para se ver que suas ideias ainda agora trazem a marca da irreverência, ainda agora clamam contra os preconceitos e as taras de uma suposta organização social, frágil de não resistir a qualquer crítica sem complacência...

Nestas vésperas de Natal e fim de ano, quando a correria pelas castanhas e pelas nozes, a preço da morte, enreda todas as donas de casa, a cronista está apenas respingando coisas do pensamento de Lima Barreto a título informativo, sem intenção nenhuma de lhe comentar as ideias, mas para pôr em foco a importância de que se revele ainda hoje, o seu alto pensamento, sobre questões que deixamos passar em nossa vida cotidiana, pensando no peru dos "réveillons" ou na farra de 31... Alguém lerá estas palavras exumadas do baú das "Bagatelas".

Que pensava Lima Barreto da guerra de 1914-18? São vários os artigos sobre a guerra em "Bagatelas". Deles transcrevo:

"Nunca fui patriota: mas, para a segurança da minha vida e ter a liberdade que ainda os magnatas concedem a todos, de andar pelas ruas da cidade, durante os quatro anos de guerra, se não fiz alarde de um patriotismo falso, nada disse que pudesse melindrar os iniciados na religião da pátria que oficiam no casarão da rua Larga ou nas colunas dos jornais."

"Não sendo patriota, querendo mesmo o enfraquecimento do sentimento de pátria, sentimento exclusivista e mesmo agressivo, para permitir o fortalecimento de um maior que abrangesse, com a Terra, toda a espécie humana, desejei muito a derrota da Alemanha, que, sempre retardada politicamente, era ainda a região do globo, onde a superstição patriótica se havia quintessenciado com um aparelho guerreiro levado à máxima perfeição, graças às características do povo e às aptidões do seu pensamento para as pesquisas especializadas e demorados trabalhos que exigem paciência na inteligência."

"A queda da Alemanha representava para mim um golpe dado no "patriotismo", que tendo sido um sentimento fecundo em outras épocas, hoje não era mais que um instrumento nas mãos dos burgueses para dominar as massas e explorar toda a terra em seu proveito, matando a rodo com outras mãos, saqueando, acumulando riquezas que nunca tirano asiático pode ter."

Noutro artigo: "...e logo acabada esta guerra que é o maior crime da humanidade, quando os filhos e os outros parentes dos pobres diabos que lá estão morrendo às centenas de milhares ou se estropiando, tiverem de ajustar contas com esta burguesia cruel, sem caridade, piedade ou cavalheirismo, que enriqueceu e está enriquecendo de apodrecer, com esse horroroso crime, nós, os brasileiros, devemos iniciar a nossa Revolução Social..." E isto era a propósito da revolução de 1917 de Lênin e Trotsky.

Que pensava Lima Barreto do predomínio das ideias mortas no presente? Ele nos diz à margem da destruição dos antigos edifícios do Rio:

"Repito, não gosto do passado. Não é pelo passado em si; é pelo veneno que ele deposita em forma de preconceitos, de regras, de pré-julgamentos nos nossos sentimentos. Ainda são a crueldade e o autoritarismo romanos que ditam inconscientemente as nossas leis; ainda é a imbecil honra dos bandidos feudais, barões, duques, marqueses que determina a nossa taximonia social, as nossas relações de família e de sexo para sexo: ainda são as coisas de fazendas com senzalas, sinhás moças e mucamas, que regulam as ideias de nossa diplomacia: ainda é portanto, o passado daqui, dacolá, que governa, não direi as ideias, mas os nossos sentimentos. E por isso que eu não gosto do passado: mas isso é pessoal, individual. Quando, entretanto, eu me faço cidadão da minha cidade, não posso deixar de querer de pé os atestados de sua vida anterior, as suas igrejas feias e os seus conventos hediondos."

"Não há de ser diminuindo conventos com auxílio do avião dos americanos que teremos felicidade sobre a terra. Eles podem ficar, como coisas de museu — ao lado dos canhões, de obuses, de fichas de identificação policial, dos códigos forenses, de todo esse aparelho de coação inútil, quase sempre, e contraproducente, no mais das vezes: o que, porém, precisamos fazer é desentupir a nossa inteligência de umas tantas crenças nefastas, que pesam sobre ela como castigos atrozes do destino. Elas é que são flagelo; elas é que nos crestam; elas é que nos tiram a felicidade de viver".

Sobre as relações matrimoniais, o pensamento de Lima Barreto menciona: "Em geral, na nossa sociedade burguesa, todo casamento é uma decepção. E sobretudo, uma decepção para a mulher."

"O menor defeito dele, devido ao sentimento de perpetuidade de sua submissão àquele homem, amplia-se muito; e ela se aborrece, se sente a longa vida que ainda tem que viver sem uma significação qualquer, sem sentido algum, sem alegria, sem prazer. O homem quando chega a esse semi aniquilamento da esperança, tem o álcool, a orgia, o deboche, para se atordoar; a mulher só tem o amor. Vai experimentar e, às vezes é feliz. Nós todos conhecemos esses casais irregulares que têm vivido longas vidas felizes: às vezes porém, não, é assassinada broncamente, sem o perdão dos parentes, das amigas, das conhecidas, de ninguém! Lembro aqui que quando saí do júri os irmãos da vítima vieram me agradecer o ter eu absolvido o matador de sua irmã... EU ME ARREPENDO PROFUNDAMENTE."

"Toda a campanha para mostrar a iniquidade de semelhante julgamento não será perdida. Se a coisa continuar assim em breve de lei costumeira, passará à lei escrita e retrogradamos as usanças selvagens que queimavam e enterravam vivas as adúlteras."

"Seja como for, não digo que todos os adultérios são perdoáveis. Pior do que o adultério é o assassínio; e nós queremos criar uma espécie dele baseado na lei."

E no baú ainda fica muito retalho, por onde dar amostras do pensamento alto e nobre de Lima Barreto. Acho que voltarei a ele outro dia.

Linha do determinismo histórico literário do Ano Novo
4 de janeiro de 1946

O ano de 1946 começa e estas linhas têm, por força profissional de cronista, de vos oferecer uma profecia, ou uma dúzia de profecias, pois quanto mais profético melhor o cronista que pega um ano novo para vestir com os véus da imaginação na leitura leve que todos aqui procuram... Escrevi, porém, um longo título, em que há uma síntese comprida de crônica, e a leitura talvez não seja leve, embora inútil, mas garanto que cheirará a profecias.

Andam por aí fazendo a análise do ano que passou, romances e poesias, contos, novelas, ensaios. Estou mais interessada, ao contrário, em saber o que virá do que o que veio, em ver nascer gente em 1946, bom, então a vida continua, e o protoplasma permanece vivo apesar da Era Atômica, começada em meados de 1945, a distante centúria.

Quais os rumos que a literatura brasileira vai seguir em 1946?

Depois de escrever a pergunta, vejo que ela é bem forte, larga e absorvente. E que não pode ser respondida assim do pé para a mão. Mas como pensei longamente o assunto que o título enuncia, vamos começar a reduzir em crônica a volta que dei até chegar aqui e a ver para além de fevereiro e março próximos... Garanto que não perderemos o nosso tempo, não obstante não se tratar aqui de nenhum método científico.

A literatura brasileira em 1946, mais do que em 1945, tenderá a definir-se. Definir-se? Sim, e é a primeira profecia destas linhas de Ano Novo. Chamo definir-se à separação das águas que se vai aproximando cada vez mais e que está implícita nos acontecimentos gerais, capazes de repercutirem na produção da sensibilidade e da inteligência, que consta da literatura. É quase simples deduzir-se isto. Talvez seja mais difícil explicar do que pensar. Trata-se de um exercício de lógica à margem do fato literário brasileiro, exercício que procede da avaliação histórica que soubermos dar ao nosso passado, à nossa formação como país e nacionalidade, à formação dos nossos intelectuais, e ainda ao complicado influxo dos imperialismos que nos rondam, vorazes e ferozes, como deles falava Paulo Prado no "Retrato do Brasil".

O aparelho que temos em mãos funcionará sem dúvida empiricamente, mas tentará formular a sua hipótese, apenas hipótese, desde que o resultado se vai concretizando e nos cabe adotar certa modéstia antes de continuar insistindo no valor das profecias.

* * *

A definição da literatura brasileira que espero para o ano que entra se concilia bem ao drama colonial em que vive o Brasil. Desde menina ouvi falarem, na minha cidade, da literatura moderna... Na tranquila capital da província, com a garoa e as cotações do café, um grupo de literatos e artistas, muito reduzido, produzia escândalos com a literatura moderna. Nobres jornais, de venerados títulos, e revistas, acolhiam a colaboração de Oswald de Andrade, Alcântara Machado, Mário de Andrade, Rubens Borba de Morais, Sérgio Milliet. De todos, o que teve parada na província, para não mencionar o seu oposto, o parisiense-londrino Paulo Prado, Mário de Andrade foi o que fez a independência de sua concepção literária apenas pelos livros. O mais eram brasileiros itinerantes, gente que tinha semanalmente saudades da Europa. Eles conheceram a literatura moderna pelo contato com a civilização ocidental, e a sua reação na Semana de Arte Moderna, na Poesia Pau Brasil, no "Pathé-baby" de Antonio, talvez se tenha feito nacionalista por se sentirem ainda coloniais perante a Europa. Acrescentaram, porém, à literatura brasileira o que nunca mais lhe seria acrescentado até agora: o espírito do século XX. Embora canhestramente nacionalistas, a pesquisa e a preocupação linguísticas de Mário de Andrade são a melhor prova, foram modernos. Apollinaire, Max Jacob, Cocteau, Aragon, Breton, etc. (E não faço distinção entre esses nomes porque os estou citando historicamente como dados de influência e sem lhes considerar a evolução posterior, as dissensões e divergências), eram poetas de cabeceira da geração paulista que fez literatura moderna no Brasil.

* * *

Aconteceu que o resto do Brasil não fazia viagens... a tomada de contato com a geração viajada se fez em segunda mão, e assim mesmo precariamente. A grande influência europeia em nossas letras, e ainda aí estão os suspiros com que se comemora Eça de Queirós, a dedicação de uns tantos críticos-apologistas dos mais recentes a esse autor (Álvaro Lins, Viana Moog, José Maria Belo, etc.) essa influência ainda é da literatura portuguesa visível nos processos com que a corrente do norte quebrou a casca do ovo há quinze anos atrás com o "Menino do Engenho" de José Lins do Rego. Parnasianismo e realismo foram assim mantidos, após o modernismo de verniz que tivemos, pela nossa situação colonial. Ninguém se embebeu do espírito do tempo, e os literatos que dominam o campo brasileiro da produção, liderados por José Lins do Rego e Graciliano Ramos, esse talvez é a maior possibilidade que já tivemos de romancista no país, trazem o título de "modernos" apenas exteriormente, porque sua produção está vazada ainda no romance português realista.

Em 1930, porém, a calma República de 1891, sacudida pelos vendavais econômicos decorrentes da guerra mundial, ruía... A crise do café transferia aqui a outras mãos o poder político, ao mesmo tempo em que surgiam o fascismo e o nazismo para salvarem a burguesia. Dos dois anos de "liberdade" que tivemos, até a contra-revolução de São Paulo, e depois, no breve período constitucional, até 1935, quando a reação antidemocrática retomou suas posições até 1937, daqueles curtos espaços de tempo em que havia inquietações intelectuais, surgiu no Brasil o "romance proletário", a literatura social, "socializante" diria hoje Sérgio Milliet. E nela continuamos coloniais... "Judeus sem dinheiro" vem dos Estados Unidos, "O Cimento", de Gladkov, da Rússia. Mas ainda não acertamos de todo com o fenômeno. Como nos faltava o "espírito do tempo", pela incultura, pela falta de informação, pela ausência de contatos internacionais (a exacerbação nazista-fascista de fundo nacional-integralista portas adentro trancava toda a visão), crismamos de moderna também a literatura social, o romance proletário que importamos.

* * *

Cabe, sem dúvida, mencionar um ramo de nossa ficção melhor, o psicólogo, devido a alguns cultivadores do gênero introspectivo, os quais, mesmo desservidos do "sense of humor" de Machado de Assis, cuidaram do romance na forma dostoievskiana, sem as profundidades e os abismos do autor dos Karamazov, "Angústia" de Graciliano Ramos, é a grande referência desse setor. Suas raízes, porém, não se afastam do romance francês de costumes, em certos casos predominando indicações diretas de Balzac e Paul Bourget. Seu último resultado floresce ainda nas páginas do sr. Lúcio Cardoso. Os romances do sr. Octavio de Faria, porém, pertencem a outro "cast" — o dos romances-chatos. Quando muito, os mais letrados leram Anatole France e suas dúvidas. Faltava-lhes mais base informativa, mesmo as de caráter editorial, predominando as influências dosadas na farmácia do sr. Garnier. Dos que viajavam, poucos conheciam os modernos: os que aqui ficavam, apenas recebiam benefícios da prudência das casas Garreaux e Garnier, que não importavam livros fora da bitola da Academia Francesa.

* * *

Nossa pobre literatura colonial-colonizada... a perspectiva que se nos oferece parte de complexas fontes. O que predominará na Europa? O que predominará nos Estados Unidos? Das respostas vamos receber forçosamente o reflexo.

A literatura americana, como pode ser definida, não passa da reportagem-social, e como observou André Malraux, recentemente, é a única que não é feita por intelectuais, os quais não têm ideias, luxo que nos Estados Unidos cabe só aos professores. Steinbeck e Hemingway representam bem, com aplausos gerais, essa tendência.

A literatura europeia, apesar da influência das lutas sociais que tem recebido, e que continuará recebendo, encontra-se num plano mais livre, num nível mais alto, não só pelas lições do passado, os mestres de espírito universalista como Goethe, Voltaire, Cervantes, ou na atualidade um Gide, um Joyce, Rilke — como, pela profundidade de seu pensamento sempre renovado, produzirá ficção social mais diferenciada, como já a produziu o próprio Malraux, em "Les conquérants".

Na química colonial em que ficamos, tendo apenas conhecido e trabalhado na literatura moderna pelo cheiro, a tendência que emergirá agora deve vazar nos moldes da ruim literatura social-funcional dos russos, com a ruim literatura da reportagem americana, dos seus best-sellers. Mais ainda, será possível acontecer uma soma de reportagem americana com o "Arco-Íris" dos russos...

A isto nos conduz nossa condição de colônia, na linha do determinismo histórico literário. A única esperança reside nos cristais da inteligência livre, que puderem formular seu protesto diante das correntes dominantes, "à rebours" das oportunidades, contra o gosto do público, a preferência dos editores, a excreção da crítica, rebeldes sempre, solitários pioneiros da intransigência. Há no Mississipi, um escritor que há muito conduz desfraldada uma bandeira dessa Ordem. Chama-se William Faulkner, e sua obra surpreendeu a serenidade desencantada do espírito de Gide, o mais exigente espírito crítico do mundo. Ele não é, porém, um norte-americano, embora tenha nascido nos Estados Unidos — sua literatura, como o Inferno de Dante, é um patrimônio da humanidade.

A Ordem da Intransigência, nas planícies amargas desta idade que reclama cruzadas, não se dobrará passivamente. A semente que permanece sob a neve neste inverno imenso romperá a crosta com o protesto da vida.

Algo sobre literatura e revolução
11 de janeiro de 1946

No pequeno volume que terminou em fevereiro de 1932, em Leningrado, e que teve sua única edição nos cadernos azuis da Livraria Valois em Paris, sob o título "Littérature et révolution", Victor Serge estudou a fundo os problemas da literatura chamada interessada, do ponto de vista do militante marxista. "O objeto deste ensaio, dizia ele, não é circunscrito senão à primeira vista. A literatura não é mais nem menos do que um dos elementos da cultura geral. Precisamos, pois, colocar todo o problema da cultura e da revolução, estudar o papel dos intelectuais na luta de classes, determo-nos longamente no movimento operário." Através dessa pequena brochura hoje rara, encontra-se talvez um dos mais seguros guias para as gerações que pensam deverem servir à revolução, no campo um tanto aguado de uma literatura pobre como é a nossa. E o trabalho do cronista se limitará a respigar nessas páginas alguns conceitos, algumas indicações, o menos mutiladas possível, desde que se trata de uma escolha arbitrária, quer pelo espaço quer pela preferência falível da seleção, o que é fácil desculpar.

UMA "LITERATURA REVOLUCIONÁRIA"

"Uma literatura que coloque os grandes problemas da vida moderna, que se interesse pelo destino do mundo, conhecendo o trabalho e os trabalhadores, descobrirá, em outros termos, os nove décimos até o presente ignorados da sociedade — e não se contentando de descrever o mundo de alguma forma, procure algumas vezes transformá-lo, logo será ativa e não mais passiva, fará um apelo a todas as suas necessidades espirituais em lugar de se limitar a distrair os ricos — uma literatura desta maneira, independentemente mesmo da vontade de seus criadores, será poderosamente revolucionária."

A FUNÇÃO IDEOLÓGICA DO ESCRITOR

"O escritor cumpre uma função ideológica. Poder-se-á dizer que há duas espécies de escritores: os que divertem os ricaços e os porta-vozes das multidões. (É intencionalmente que não emprego aqui as palavras "massas" ou "classes", que parecerão mais exatas aos amadores da esquematização pseudo-marxista. As revelações entre os meios intelectuais e as categorias da produção estão longe de ser tão diretas quanto o imaginam os simplificadores, que nada encontram de melhor do que suprimir dogmaticamente as dificuldades. Este método nada tem a ver, é claro, com a análise marxista). Na realidade, sempre contraditória, os dois homens não fazem mais do que um, frequentemente, mas é preciso então que um dos dois a arranque. Nada mais fácil deduzir disto que um espírito político penetre ou deva penetrar toda a obra, o que nos conduziria quase diretamente à canonização da peça à tese. As obras de tese, no sentido vulgar da palavra, são quase sempre, por definição, trabalhos de qualidade inferior e desde até inferiores à tarefa objetivada. A confusão entre agitação, propaganda e literatura é igualmente funesta a essas três maneiras de atividade intelectual e de ação social (ainda que possam se combinar ponderavelmente, de diversas maneiras, em casos precisos). O valor muito particular de um romance decorre do que ele propõe ao homem, mais do que suas palavras de ordem políticas ou reivindicações: das maneiras de sentir, de viver em seu foro íntimo, de compreender os demais, de se compreender a si mesmo, de amar, de apaixonar; não sendo necessário dizer — repito — que tais maneiras de viver, as quais, elevadas à consciência revestem a forma duma ideologia, correspondem, necessariamente, ao credo escrito ou não escrito de certas classes sociais; mas isto de maneira indireta e distante, abandonada na aparência, invisível a qualquer um que não seja o analista."

***

"Os operários contam com um dos elementos do êxito: a quantidade. Mas a quantidade só tem peso quando está unida pela organização e guiada pelo saber. A experiência do passado demonstra que o menosprezo à união fraternal que existe entre os operários de diferentes países e que os deveria impelir ao apoio mútuo na luta pela sua emancipação, encontra seu castigo na derrota comum de seus esforços dispersos." (Karl Marx, do *Manifesto Inaugural da I Internacional*).

O DUPLO DEVER DO ESCRITOR

"Uma revolução não constitui um processo homogêneo, único, comparável à queda de uma corrente; é muito mais a soma de uma multidão de movimentos variados entre os quais há tantos felizes como funestos, revolucionários no verdadeiro sentido da palavra e reacionários, sadios ou enfermos. Daí a impossibilidade de um conformismo revolucionário, e disso o duplo dever... Na ação, mesmo, o dever é sempre duplo, mas seus dois aspectos — de defesa geral e de ascensão interior — variando tanto em importância como em amplidão. Vindo a paz, quando a revolução passa à sua obra construtiva, a luta pela ascensão interior adquire evidentemente uma importância crescente... Os intelectuais que, no seu desejo de servir à revolução se deixam ir ao acaso dum conformismo revolucionário, faltam, na realidade, a um dever essencial para com a revolução; testemunham a dificuldade que revelam em compreendê-la, revelando que eles a consideram ainda exteriormente, como espectadores simpatizantes, e não de dentro, como atores."

Primeiras notas sobre o existencialismo
18 de janeiro de 1946

O pensamento francês certamente não chegará à sua meta imediata de após guerra dentro dos limites filosófico-literários que caracterizam a corrente existencialista. Entretanto, essa espécie de filosofia derivada da vida humana concretamente considerada, impressiona aos que procuram notícias atuais da literatura francesa, e que desejam por isso conhecer algo mais do que a literatura de partido, e igualmente além do surrealismo… Impõe-se lhes o existencialismo.

O escritor Jean-Paul Sartre, cujas primeiras tentativas literárias importantes começaram imediatamente antes da guerra, com os livros "La Nausée" e "Le mur", é autor do único trabalho em que se expõe organicamente essa nova filosofia: "L'Être et le Néant". Mas em torno do ilustre psicólogo da "Imaginação" apareceram outras obras literárias, outros autores, certos rumos novos no teatro, em que puxa a fila o autor de "Calígula", Albert Camus… O existencialismo nasce, é já um fato, tão concreto como no concreto se baseiam os seus autores. Mas ainda é principalmente literário, valorizando a tomada de atitude de seus partidários diante da vida, a tal ponto que essa atitude passa a ser um compromisso efetivamente sério com o ponto de partida filosófico a que eles, os existencialistas, obedecem. Não sei se não será melhor escrever que o existencialismo está ainda no plano literário, que é praticamente literário, e que sendo mais do que um programa literário — não se trata, na verdade, de um formulário estético nem propõe diretivas formalísticas — é bastante ambicioso porque se transforma em ação e ética, não obstante o desespero fulgurante de suas constatações e sequências delas. Não fica assim em estética nem apenas permanece no estado da filosofia clássica, em inquietações simplesmente especulativas. Vai além, bastando citar-se a atividade de seus propagadores, de Sartre a Jean Wahl, de Albert Camus a Simone de Beauvoir, para ver-se como agem e trabalham estes modernos negativistas. Do choque entre a realidade cotidiana e o homem, este, na miséria de sua condição físio-psicológica, revela-se afirmando sua existência assim mesmo, enquadrando-se inexoravelmente na resposta que a vida lhe dá a cada uma de suas interrogações em contato com o mundo, esfregando-se com o contingente. Os temas existencialistas não esquivam portanto o concreto em toda a sua escala, e frisam os aspectos brutais da realidade, param diante da morte encerrando o ciclo vital e eliminam do campo qualquer conteúdo do divino. É, sem dúvida, uma filosofia materialista, mas partindo do sofrimento e da crítica exasperada ao sofrimento, e não se alterando perante o destino finito do homem, nem manifestando qualquer esperança teísta.

A posição adotada pelos existencialistas decorre de fato da constatação do real contrariado pelas aspirações otimistas do homem... mas não contorna nem esconde as dificuldades emergentes. Recebe-as em cheio, sem exaltação nem revolta, desde que a limitação do homem está na base de todo o sofrimento. "O mundo é absurdo diante da insanidade e da podridão do homem. Restam-lhe apenas o direito do amor e da compaixão."

***

Deve-se indagar se esta filosofia, ainda nascendo, mas com uma virulência bem digna da multidão de complexos problemas que envolve e resolve, no esquematismo de seu pessimismo, estóico e heróico, não é apenas uma consequência dos anos de guerra, de derrota e de opressão que passaram sobre a França... Efetivamente, nenhuma outra filosofia estaria tão habilitada quanto o existencialismo para incutir no homem capacidade de resistência diante dos fatos brutais que se abateram sobre a França, nas garras do nazismo. As condições da derrota, da opressão, e da vergonha passaram, mas ainda não de todo. Os resíduos terríveis ficaram na água, da amargura que passou pelo mesmo copo. A vida francesa sai de suas jornadas da Resistência com uma bandeira ainda iluminada... A posição do espírito é algo de muito delicado, de muito frágil e quase hesitante. A doutrina existencialista porém confere ao homem uma armadura fortíssima. Ele resiste agora melhor, e o existencialismo começa a espraiar-se na vida intelectual, e artística, primeiro transformando a produção dos literatos, dramaturgos e ensaístas, no que um comentador chamou de "atos filosóficos".

Em última análise, o existencialismo não liberta o homem. Encontrando o pobre diabo num beco sem saída não lhe acena com esperança alguma. A vida material contingente é miserável... O homem não pode se respeitar dentro dela, como o herói dostoievskiano das "Anotações do subterrâneo" (*Zapiski iz podpol'ya*), "Mémoires écrits dans un souterrain", nas edições Bossard. Aliás, no "background" do existencialismo não faltam Dostoiévski e Chestov, Kierkegaard e Nietzsche.

Sartre passou um ano estudando na Alemanha a filosofia fenomenologista de Husserl, donde seus pontos de partida para "La Nausée", que é a origem da primeira constatação existencialista, "um estudo das coisas tais como se 'apresentam', na sua maneira própria de existirem".

***

Aqui fica esta notícia do existencialismo que se deve somar à informação desinteressada sobre a atualidade literária francesa. A causa do nascimento desta orientação é porém o que mais me perturba, pois de meu ponto de vista pessoal há no existencialismo uma reação amarga, arrastando seus joelhos nus pelas pedras destes tempos do desprezo e da decepção. Efetivamente todos sofremos as mesmas desgraças, as mesmas mentiras. O existencialismo pode ser então a tentativa de ultrapassar o materialismo dialético, porque, dado um balanço na experiência de sua concretização, revelou-se, o materialismo, impotente para por si curar o homem, colocá-lo acima de si mesmo, descobridor das auroras que deviam germinar sobre o pó de Marx e de Engels e das vítimas da grande luta que subiu até aqui. O existencialismo — essa náusea, esse muro — substitui então o jogo de uma crítica e de uma oposição, dando um rumo negativista e desesperançado aos tremores de revolta das gerações traídas pela falsificação dos papéis, a formação dos funcionários, a corrupção imperialista bárbara a que chegamos... E do seu fundo reacionário emergirá então a amolação dos sonhos que afloraram à superfície da pobre sociedade dos operários e camponeses e soldados, que mataram um czar pensando na libertação. A fraude da generosa esperança turvaria pois a seiva para florir em cima e nos ofertar essas essências amargosas e agoniadoras.

O tempo pobre, o poeta pobre
22 de janeiro de 1946

Este verso de "A Rosa do Povo" de Carlos Drummond de Andrade, trazendo como consequência a fusão do tempo e do poeta num mesmo impasse, vai aqui aproveitado em título por se dar nele uma verificação básica para a crônica de hoje. Para que diabo procurar um título melhor do que essa tersa forma de verso de Drummond, vazada na sua exata dosagem expressiva? Vamos ao assunto da crônica.

Estes tempos são pobres certamente, muito pobres mesmo. Depois de duas guerras, cujo intervalo de vinte anos andou ocupado pela cultura de marcha-ré, nas flores do nazismo e do fascismo e, outros muitos ramos afins, eis-nos desembocados no tempo da decepção. Não há mais uma guerra a preocupar-nos, em tão extensa escala, pois totalmente ainda não há paz no mundo, servindo mesmo certas mascaradas de paz para demonstrarem mais fortemente que entramos no tempo da decepção, conforme o acordo chinês entre comunistas e Chiang Kai-shek... Deste tempo da decepção nossa última crônica informou, com alguma fidelidade, o que está agora nascendo na França, a estética literária existencialista. E no mais é mais ou menos isto mesmo.

Evidentemente, não acredito que um Graciliano Ramos, por exemplo, esteja satisfeito com a sua consciência militando politicamente. Não está, e há uma tragédia nisso. Mas não é só Graciliano que sofre de ver uma ideologia rolando pelos degraus do mercado. A decepção deste tempo é mais longa e mais amarga e em tudo mais profunda do que um simples deslocamento dos elementos com que contávamos na hipótese revolucionária. Trata-se de uma sistematização totalitária vinda pelos caminhos mais claros e mais exatos, para dar num sorvedouro pantanoso. Achamo-nos, pois, inteiramente fraudados, roubados e traídos, e a falange da decepção, que era pequena a princípio ganhou hoje adeptos em todos os países e não vê, certamente que não vê, uma solução que possa refazer os caminhos perdidos por tanto tempo... Que tempo? Tempo pobre que vamos atravessando, ora aqui damos a mão ao poeta, sim, muita coisa dolorida e indescritível ficou em todos os lanhos da carne deixados nos arames farpados... Seremos casos individualistas, serão individualistas os poetas pobres deste tempo assim tão pobre? Quero crer que não, e não somente porque desejo crer que não, mas porque a soma das decepções é muito grande, embora alguns insistam e outros, como Silone, ainda guardem capacidade de ensinar pela cartilha do ABC, para que a retomada de consciência seja de novo infiltrada nos nervos das multidões presas aos cordões dos líderes.

É que a decepção... Deixai que assim vos descreva este beco precário, onde o tempo pobre e o poeta também pobre reúnem a sua miséria num espaço confinado, e não sabe o poeta, como será possível arrebentar as grades e voar solto. Quando a decepção chegou, com o seu bico corrosivo, muitos tinham trazido com os seus sonhos mais puros e mais limpos a desumanização de suas vidas, para colocá-las ao serviço do ideal. Carreiras profissionais, a mãe, a amante, a criança que balbuciar junto do mesmo leito, e quando era preciso, até mais, a amizade sem preço, a ternura e o amor, a esperança, o brio, a vergonha, e tudo fora posto na mesma guilhotina, para que de todo esse sangue emergisse a flor viva de uma esperança a modelar-se e a frutificar. Daquele dia em que começara a revolta e a marcha, desde aquele dia, tantos séculos antes, através dos cárceres, da luta em todos os setores, a palavra transmitida por várias formas até ser completamente compreendida, a paciência de ouvir e replicar até convencer a mágoa da solidão e a teia infindável, que um simples sopro desmanchava e era preciso voltar a Niterói, ou pelo menos escrever à Indochina, para que um e outro de novo estivessem em contato, e entre todos estes trabalhos o policial, o medo, a delação, as pancadas, a fome, era o de menos, "de pé famélicos da terra", desde aquele dia, portanto — desumanizara-se a face voltada em seu profundo desprezo contra o que não servisse ao Objetivo e à Realização. E agora, a esta altura para trás, a Obra é apenas um amontoado informe a perder de vista de desmoronamentos e trechos convulsionados, tijolos perdidos, argamassa varrida, paredes completamente desconjuntadas e mortas para sempre. Aí, uma ave de bico corrosivo encontra com o coração exposto à intempérie e a sede desse pássaro estranho se serve no sangue que corre... É a decepção. O tempo pobre não ecoa gemidos nem transmite soluços; há sorrisos zombeteiros na multidão que passa através dos líderes do dia; as flautas dos encantamentos perdidos arrastam-nos a todos para as florestas da perdição. E por isso nos transviamos a tempo.

Sós, há corações feridos, constatando a pobreza do tempo e a miséria do poeta. E esta crônica sai assim numa chuva de cortina amarga salgando o mar...

Alguns pensam que é possível usar uma certa liberdade. Alegam que é hora de cada um dizer o que sofre e pensa e sente. Enganam-se com esta espécie de liberdade que nos puseram nas mãos quebradas, nos olhos vazados. Impõe-se a superação desta tragédia é tudo o que nos responde o pensamento. Mas a decepção já se apoderou de tudo e ela ri na ferida que ficou em todos os corações, chicoteando a pretensão estulta de teimar ainda em recompor caminhos.

Feliz de quem reencontra na poesia, pobre poeta a quem dedico estas linhas à margem, o apoio de um patamar no meio dos naufrágios.

As várias notícias de várias coisas
8 de fevereiro de 1946

Começam a ser conhecidos no chamado mundo literário que circula pela avenida Rio Branco os resultados dos balanços da produção literária de 1945, o ano bravo em que a guerra acabou e o mundo voltou a pôr os rios nos seus leitos, embora alguns desses leitos, por obra de satanazes bem conhecidos, tivessem mudado de lugar (vide os discursos dos srs. Vishinsky e Bevin nas sessões da semana passada na ONU). Já assinalei a existência do "existencialismo", o que não dá redundância, mas muito bem exprime o aparecimento da filha inquieta da filosofia fenomenológica, toda cheia de arteirices na literatura francesa do romance e do teatro. Porém, aqui em causa, deveria escrever em casa, não entrou nenhuma novidade como o existencialismo, a não ser a própria motivação da referida filosofia literária... Afinal, os nossos literatos existem. Falando a "O Jornal", muitos deles disseram que não leram os livros dos seus colegas, salvo os grupinhos, naturalmente, que esses leram, sim, principalmente quando a mesma trindade cita nove vezes os próprios títulos dos seus próprios livros...

Qual foi o melhor livro brasileiro de ficção que li durante o ano de 1945?

"Os romances de um teatrólogo", cujo autor não sei bem se é homem ou mulher. Infelizmente ninguém leu.

***

Chama-se o ano de 1945 de ano favorável à poesia, na literatura, ou seja, o ano em que os poetas compareceram com o melhor e mais avultado contingente. O enunciado em parte é verdade, mas os poetas não mudaram. Foram eles tanto Murilo Mendes quanto Carlos Drummond de Andrade os que lideraram os demais, coisa que por fatalidade vinham fazendo desde o outro ano, e possivelmente antes, não quero verificar nem dar muitas certezas. "Mundo enigma" e "Rosa do povo" saíram, felizmente, nesse ano de 1945, tão batido de política, a começar pelo 1º Congresso Brasileiro de Escritores... e a acabar no aparecimento de uma turma que deu de fazer os versos da "literatura da miséria", o que mais acrescentou na miséria de nossa literatura.

***

E por falar em poesia, recebo de São Paulo o livro de Domingos Carvalho (Livraria Martins Editora), em que há um poema intitulado de "O heptágono redondo", que reedita a filosofia do homem do subterrâneo de Dostoievski. Trata-se da poesia anti-científica, o que é uma válvula diante das verdades ditas científicas... Poeta amargo e incerto, lírico muitas vezes até a imprecação, utilizando mais do que deveria o verbo "trespassar", mas de uma forma sóbria, discretamente polida, que não foi atingida pela "literatura da miséria", não obstante registrar os reflexos do tempo "quero a poesia sem pátria", etc.

É um poeta a quem não falta a coragem de uma revolta muito íntima e própria, sua. Talvez seja melhor reler.

***

... lembro-me com certa melancolia de Paris, 1935, quando havia para a Juventude Comunista desde a Universidade Popular aos espetáculos recreativos, constituídos pelo melhor teatro, a mais requintada tradição literária da França, e em que alimentavam a cultura e o conhecimento das coisas, com os seus trabalhos e as suas contribuições, os melhores, ou uma parte dos melhores intelectuais do país — dizia que me lembro, com certa melancolia, disso tudo, ao ler na legenda de um clichê a notícia de que ali está espelhada a arregimentação da juventude de um Comitê Distrital do P.C.B. Trata-se de um espetáculo popular, conforme leio, constante de um "programa de calouros que recebeu a denominação de "Nem te ligo", o qual o programa cuida de "canto, música, variedade, teatro"... Nem te ligo, mas na verdade acaba-se ligando.

***

Traduzo o telegrama que me traz a primeira notícia da sensacional entrevista em que Gabriela Mistral levanta a sua voz para protestar contra a situação em que a Itália se acha perante a Organização das Nações Unidas. Compreende-se bem essa revolta, numa constatação direta como a ilustre titular do Prêmio Nobel deste ano acaba de fazer. Os intelectuais na verdade se acham dispersos, e só um ou outro, como neste caso, sai a campo para defender uma verdade acima das conveniências de pátria e partido... Entretanto, não seria o caso dos intelectuais sem pátria e sem partido se manifestarem, em torno dos grandes problemas, que na opinião do sr. Trygve Lie colocam "em jogo o futuro do mundo civilizado"?

***

Os livros europeus ainda não começaram a chegar... Uma ou outra dessas preciosas raridades, aqui chegadas, não trazem ainda a marca do que a França possa produzir, nem com isso se importam. O cordão de isolamento entre a Europa e a América permanece, portanto, ainda intacto. Amanhã teremos aqui os livros mais velhos dos escritores franceses para a crítica e a leitura, que liquidem estes momentos de expectativa. Nem parece que o avião e a sua velocidade vão predominar e facilitar nossas relações internacionais. O Atlântico, nossa vida atlântica, tão dependente do velho ocidente está murado por uma cortina densa de dificuldades. Depois da libertação ainda não nos demos as mãos.

O poeta da "A Rosa do Povo"
15 de fevereiro de 1946

Com "A rosa do povo" se disse que Carlos Drummond de Andrade havia chegado no ano que passou ao céu da sua mais alta poesia. A imagem é fraca por falar em céu num poeta que anda pela rua e faz versos do cotidiano desaparecer de gente no Rio, como fez com o caso dramatizado de Luiza Porto. Mas me parece que se deve falar em céu por isso que destaca o poeta... Inicialmente uma observação: os nossos poetas são poucos, quatro, três. Entretanto, é para não perdoar os críticos começarem a juntar os nossos bambinos da poesia, debutantes de ontem com as figuras pioneiras de Drummond e Murilo, por exemplo — e assim se está criando, por culpa dos críticos, da falta de medidas deles, um plano chato em que esses dois grandes se misturam na organização das poesias unidas das pequenas potências... Passando por essa argola que enforca a crítica indígena sem democracia nenhuma, pois o caso aqui é de suprema diferenciação, soberana e imperialista, vejamos o caso do imenso poeta que agora nos coloca sobre a mesa esta rosa do povo.

Esta criança que confessou uma vez ter sofrido a acusação de "insubordinada mental", na mesma confissão disse também que no "Sentimento do mundo", terceiro volume de poesias datado de 1940, resolvera "as contradições elementares" de sua poesia. (Da mesma confissão estas indicações de poética: "...

meu progresso é lentíssimo, componho muito pouco, não me julgo substancialmente e permanentemente poeta. Entendo que poesia é negócio de grande responsabilidade, e não considero honesto rotular-se poeta quem apenas verseje por dor de cotovelo, falta de dinheiro ou momentaneamente tomada de contato com as forças líricas do mundo, sem se entregar aos trabalhos cotidianos e secretos da técnica, da leitura, da contemplação e mesmo da ação. Até os poetas se armam, e um poeta desarmado é, mesmo, um ser à mercê de inspirações fáceis, dócil às modas e compromissos. Infelizmente, exige-se pouco do nosso poeta; menos do que se reclama ao pintor, ao músico, ao romancista...). Depois deste longo parêntesis, vamos de novo ao livro das soluções elementares. O primeiro poema de "Sentimento do mundo" nos põe diante de um homem "anterior às fronteiras." Somando isto mais aquilo, esta insubordinação mental, esta indocilidade ao compromisso, servem de linha vertical ao poeta e ele se desprende essas "cortinas pardas", que canta em "Nosso tempo":

"Este é tempo de partido,
tempo de homens partidos."

As comparações mais fáceis e mais longínquas caberiam perante este poema, mas prefiro ver o poeta de nosso tempo, ele mesmo andando com a sua gravidade entre as gentes na "hora formidável", ou na volta, quando emprega com um milhão de alfinetes de saudade a palavra "espandongada", que é uma grandiosa palavra. Não vamos falar de Whitman, de Antonio Nobre, etc.

Para quê? Leiam o poema embora haja nele um declive final... com uma promessa dispensável na importância do poema.

Quero, da "Passagem do ano", citar-vos este verso enorme:

"A vida é gorda, oleosa, mortal, sub-reptícia."

Que me faz reproduzir sem mais comentário para dar um nível este outro verso enorme do poeta Federico García Lorca:

"... y la vida no es noble, ni buena, ni sagrada."

E às vezes como dizia mesmo na "consideração do poema", volto ao princípio do livro, desce o canto do poeta que é preciso bater o ouvido no chão para ouvi-lo em sua respiração mágica, aí está a pomba cega no "Um muro de pedra e espanto". Este caso do "Rola mundo" é assim considerável que se pode dar para ele a atenção a dispensar a muitos poemas, pois até uma simples vogal, com "e" de conjunção suspende o juízo sobre o seguinte verso que vai desencadear o traço de união do poeta ao planeta:

"eis quando me liga ao mundo."

Ou melhor citado assim:

"Joguei tudo no boeiro.
Fragmentos de borracha
e cheiro de rolha queimada:
eis quando me liga ao mundo".

Daí a angústia da "Morte no avião" é já.

Entre os compromissos lerei sempre o "Fim da 3ª Internacional", publicada com o título existencialista "Mas viveremos", que é um canto de pedras, um choro de oceano, uma centelha profundamente fagulhando:

"Já não escutarei na voz do vento
("Trabalhadores, uni-vos...) a mensagem
que ensinava a esperar, a combater,
a calar, desprezar e ter amor."

"Há mais de vinte anos caminhávamos
sem nos vermos, de longe, disfarçados,
mas a um grito, no escuro, respondia
outro grito, outro homem, outra certeza."

Certeiramente, garanto que a variante de um destes versos:

"... e o teu retrato, Lenin, consolava",
é melhor do que saiu publicado:
"... e o teu retrato, amigo, consolava."

Acredito que o poeta saberá ver como é ruim o poema "Com o russo em Berlim".

O aproveitamento de certos episódios, relações, conhecimentos mais desvanecidos, certas admirações afetivas mais profundas, que é o caso de Charlie Chaplin, etc, fornecem-nos mais poemas que, por exemplo, no primeiro livro do poeta, mas que as há pétalas que falam por inteiras rosas isto há.

Quem estudará com tempo e carinho e fará a apologia do Poeta? Não quero nem reler este registro, seu Daniel, obrigada.

Explicação necessária com o seu quê de importante
8 de março de 1946

Esta seção não tem tido a sorte de encontrar maior acolhida por parte dos leitores de "Vanguarda Socialista", se se avaliar aceitação pelo número de críticas, e estas inteiramente desfavoráveis, desde que participam do estado de espírito da incompreensão, ou seja, da própria incapacidade de comunicação da cronista. Por isso, hoje, enquanto estruge lá fora o tal Carnaval da Vitória a crônica literária se ocupa de sua defesa, em público e raso para ver se é possível estabelecer-se uma ponte entre a cronista e o leitor...

Seria demasiado pretender-se que uma crônica literária concilie na rapidez do registro do tempo que passa, uma obra de criação que defronte e enriqueça as belas letras. Estes comentários têm pois uma finalidade mais leve e mais fluida, nem se prende a luxos de expressão, à pesquisa e à indicação dos pontos mais altos da obra literária de nosso tempo. Apenas umas e outras anotações que refletem o que se passa numa determinada faixa de observação para uma conversa que não tem profundidade.

Há, no entanto, aqueles que quereriam encontrar nesta coluna uma orientação pedagógica — lições de coisas de literatura, ou que tal parecido. Desejariam que a cronista pusesse, em linguagem popular e em comprimidos o fato e o drama da literatura, diluindo-se a essência para proveito mais vasto de todos. Outros quereriam apenas que a cronista não tivesse a sua crispação de bela letra, deixando as "complicações" para os literatos das chamadas "torres de marfim". Finalmente, há os que somam tudo isso e mais o céu para se confessarem insatisfeitos com este breve serviço literário, que tem a honra de imaginar-se tal...

* * *

Primeiro, a crônica literária não é um ofício. Ela entra aqui para trocar em miúdos impressões e constatações da faixa de observação a que já me referi acima, não pretendendo mais do que formular esses encontros. Não poderia, portanto, jamais ater-se a um programa educativo ou instrutivo, servindo aos interesses dos senhores editores de livros, em troca dos volumes recebidos. Aliás, o que se tem a ganhar com um critério semelhante é muito pouco, por se dirigir a crônica a um mundo distante e heterogêneo, gentes que sabem muito mais do que a cronista e que não viriam aqui aprender coisa alguma, assim como seria sempre penoso e incerto responder o que deveríamos selecionar para transmitir. Nem mesmo afinal caberia ensinar nada sem saber para quê... Quer algum dos contrariados pela falta de comunicabilidade destas linhas aprender a fazer literatura? Quer somente saber apreciá-la? Ou deseja, diante de semelhantes impressões e constatações, passar por um determinado estágio de gosto e de juízo, capazes de lhe darem um suporte para o critério literário? De fato, a bibliografia brasileira é parca nesse gênero — os livros do sr. Tristão de Athayde, ultimamente publicados, "Estética literária" (Americ-Edit), ou "O crítico literário", querendo encher vazios, mesmo pragmáticos como são, não me satisfizeram, principalmente quando o sr. Tristão de Athayde dedica o segundo dos livros aos seus alunos, eu já não sou aluna de diabo nenhum há muito tempo, repelão que me dá liberdade para chamar diabo ao ilustre escritor católico... Nem sou também professora. Mas dada a bibliografia pobre sobre coisas ensináveis da literatura (e a obra um pouco dispersa, mas notável de Fidelino Figueiredo pode ser toda lida com muito proveito) talvez coubesse mesmo exigir dos cronistas que dessem aulas de literatura, quando sobre literatura versam os seus trabalhos (Isto deve-se entender com os outros…).

Quanto às complicações da escrita que aqui se registram e que talvez deem uma atmosfera "literária" a estes espaços, paciência. Elas se formam no decorrer da própria conversa, quando se apresentam na faixa de observação os fatos que constato por me impressionarem, e que, como repercussão, ora intelectuais, ora artísticas — ou poéticas — levam consigo os marulhos e as fagulhas que se esfregam na retina arregalada.

* * *

Entro na parte final desta explicação necessária que me parece ser a mais importante.

Respeito a literatura. Vejo-a colocada em atitudes incomparáveis… aqui mesmo, nesta velha mesa preta onde escrevo, tendo ao alcance da mão um livro admirável que é esse "Le grain sous la neige", de Ignazio Silone. Um pouco mais para cima, e vejo outro livro, o dos poemas de Álvaro de Campos, homônimo do poeta português Fernando Pessoa. E ainda um Lautréamont... Bem, a literatura é uma das grandes coisas da vida. Solto este clichêzinho, convenhamos em que a literatura é uma coisa difícil. E acrescentemos que particularmente é difícil a literatura moderna. O mundo de imagens que desabrocha numa página de James Joyce, para só citar este, realiza certamente muito mais do que um "móbile" de Calder, este artista plástico que utiliza a dinâmica do movimento no arbítrio equilibradíssimo de suas figuras... Mas nada disto é simples. E não se trata mesmo de fazer as coisas simples em literatura. Nem em literatura nem em coisa nenhuma, a começar por nós mesmos. Somos uma vanguarda, entre produtores e consumidores de um alto pensamento de libertação da pessoa humana, e isto não é evidentemente uma coisa simples. A palavra que aqui fica compreende uma tomada de consciência diante desta missão que carregamos em brasas acesas nas mãos. Um elemento de vanguarda não pode ombrear com o homem-ramerrão que soma a sua presença inútil nos comícios da vida, aplaudindo quando aplaudem, entendendo quando os outros entendem, chorando ou rindo quando choram ou riem.

Aqui estamos numa outra nivelação para entendimento. Os condutores de uma revolução social e política, da profundidade da revolução socialista que se dirige para a transformação do homem, para a sua elevação a outros planos de progresso e de dignidade, não se acham mais no solo chato da vidinha cotidiana, burocratizada, burguesa mercantil. Planamos por altitudes destemerosas, de que a eliminação dos característicos de classes e de exploração do homem pelo homem se acha apenas nos primeiros metros da pista... As tarefas a realizar são inúmeras e cada qual mais difícil, mais complexa, mais complicada. Um operário ou um intelectual que se coloque nesta emergência de escaladas não deve estar preso, num setor como este da literatura e da arte, aos remansos do naturalismo de Eça de Queiroz, para só mencionar um autor entendido e admirado por todos. Somos pois uma vanguarda, e não e também para entender o primário "realismo socialista" de Stalin, que nos dispomos a penetrar no campo da inteligência e da criação artística. O que há de vulnerável na parte intelectual da revolução é precisamente certo apego a normas e tradições já mortas para a própria mentalidade burguesa, naturalmente no que ela já atingiu nos seus índices mais altos. Reivindicaremos para nós a melhor literatura, a melhor arte, as mais complexas, ou a revolução terá sido, nessa outra aurora da história pela qual passaremos de toda a forma, uma realização parcial e deformada, desguarnecida da grandeza criadora, nas áreas a serem ocupadas pela inteligência e pela sensibilidade.

Um manifesto aos escritores
29 de março de 1946

Felizmente não coloco em título a palavra "contra"... mas, decididamente, dá vontade de escrever contra o manifesto aos escritores que acaba de ser publicado com as assinaturas de Graciliano Ramos, Genolino Amado, Prudente de Morais Neto, Osorio Borba, Astrogildo Pereira. Francisco de Assis Barbosa, Dante Costa, Guilherme Figueiredo, Lia Correia Dutra, Clovis Ramalhete, Emil Farhat, Eneida de Morais, Wilson Veloso, Homero Senna, Eliezer Burlá, Dias da Costa, Alina Paim, Floriano Gonçalves "e vários outros", conforme consta da publicação, o que deixa pairar uma nuvem de dúvidas sobre a existência de outros, pelo menos à data da publicação.

Aproximam-se as eleições na ABDE, e deparo nos jornais já com uma chapa em que encontro nomes signatários do referido manifesto, o que dá bem a ideia de uma sincronização com fins eleitorais, o que, se por um lado tem a sua justificativa pragmática, por outro resulta de manobra, pois o manifesto parece nada ter a ver com a proximidade das eleições. Ora, só agora acharam os signatários e candidatos necessários lembrarem-se do 1º Congresso de Escritores, para alvitrarem a execução de um compromisso que lhes parece ter sido assumido com a realização do certame, em janeiro do ano passado.

Carregadinho de imprecisões, de erros, de apreciações que se não ajustam devidamente nem à existência dos escritores, nem à famosa realidade brasileira, o manifesto tenta recompor um momento de luta que foi oportuno em janeiro de 1945, em plena ditadura getuliana, com o DIP, etc, etc. A culminação do Congresso de Escritores situou-se sem dúvida no que o manifesto descreve como "condição indispensável à nossa existência de escritores, artistas, jornalistas e intelectuais em geral, a luta pelas mais completas liberdades populares, garantidas por uma legalidade democrática". Mas força é reconhecer que a famosa declaração de princípios não passou de palavra e de papel, porquanto o compromisso de luta não saiu além da leitura e aprovação daqueles princípios, não se fazendo nem uma publicação volante para burlar a proibição do DIP quanto à divulgação, na imprensa, daquela declaração.

Logo adiante o manifesto diz que "enquanto o povo reconquista suas liberdades" — para mais adiante, no período seguinte, frisar que "as liberdades cedidas ao povo"... Que são, afinal? São liberdades "cedidas" ou "reconquistadas"? Não é preciso discutir a diferença entre uma coisa e outra, nem quero debater aqui um "florescimento de uma nova vida cultural", que o manifesto reconhece implícita na realidade brasileira atual... E também chegar tarde, como diz o povo, lembrar "agora" que persiste "como ameaça às liberdades populares", a carta de 1937. É hora sim de intervir junto à Constituinte para que apresse a feitura de uma nova Constituição amplamente democrática, mas é não tão indispensável procurar que o Legislativo ou o Executivo deem aos intelectuais tudo o que "nos possa ser legitimamente concedido", particularizando-se uma "legislação adequada sobre direitos autorais, assistência previdencial", etc. Além da legislação sobre direitos autorais, que vá lá, a assistência previdencial é algo de sumamente ridículo em se tratando de escritores, ou seja, os homens das belas letras. Jornalistas e intelectuais integrados em cargos profissionais já se acham garantidos pelas leis, como qualquer trabalhador.

Mas, há uma esquematização, depois desse exórdio destemperado. Começa-se por pedir que a ABDE receba o apoio e o prestígio de escritores, jornalistas e intelectuais, para que chegue a ter "vida ativa". Que se torne "um órgão efetivo de defesa e de luta pela dignidade e pela melhoria de todas as profissões intelectuais", o que se justifica, mas não depende de "fora", antes representa um imperativo "de dentro", porque as várias diretorias e os dirigentes precisam tomar determinadas providências. O compromisso que determina em primeiro lugar, que entre a ABDE em entendimento com "todos os Estados a fim de ativar os trabalhos das seções em todo o país", não olhou de certo para o funcionamento da ABDE em São Paulo, onde os trabalhos sempre tiveram características de muita atividade, onde a ABDE tem sede, que aqui não tem, cobra mensalidades que aqui não cobra, discute periodicamente os assuntos que mais lhe interessam, chamando todos os associados para os debates, e enriquece os seus cofres com uma percentagem cobrada sobre os artigos de colaboração publicados nos jornais e revistas, quando aqui nunca houve isto... Eu, por exemplo, aceita há muitos meses na ABDE, nunca tive oportunidade de pagar uma mensalidade. Em São Paulo ninguém está em atraso para com a Associação. Depois, o manifesto fala numa campanha nacional em defesa dos trabalhadores intelectuais, misturando-a com outra campanha que "assegure ao povo brasileiro uma Constituição verdadeiramente democrática", o que uma coisa nada tem a ver com a outra.

Depois de tudo isto, o manifesto sugere ainda atividades práticas, e muito movimento, entrevistas, notas, etc.

Não sei se trata de plataforma da chapa encabeçada pelo sr. Guilherme Figueiredo, mas desconfio que seja mesmo, pois só na última semana antes das eleições nos aparece este documento interessante acerca de uma remodelação da ABDE, a qual só existe quando se trata de mudar de diretoria. Em todo o caso, a chapa divide o poder com a "linha justa", o que é um recurso interessante para a infiltração na direção da ABDE dos elementos que seguem a corrente prestista.

A predominância dos assuntos políticos, o antiguerreirismo que reponta o manifesto, desde a manutenção da ordem interna, "luta contra os resíduos do fascismo que ameaçam a ordem interna, luta pela paz no 'continente e no mundo'" já fornecem motivo a larga reflexão.

Que resíduos do fascismo? O petebismo de Getúlio e Borghi com que coincidiu Prestes, quando acreditava no "patriotismo de S. Excia."? O estadonovismo disfarçado da maioria parlamentar? Ou apenas os restos do integralismo?

Quanto a mim, o fascismo é hoje mais totalitarismo e isso parece emergir da própria sobrevivência do capitalismo.

Por outro lado, não há altura para o Brasil se meter em salvaguarda da paz no mundo, quando isso é função de equilíbrio entre as grandes nações imperialistas, como os Estados Unidos, a Rússia e a Grã-Bretanha. Rompido esse equilíbrio, adeus.

Os homens de boa vontade — e antes da última guerra foi Jules Romains o bisonho idealista que os reuniu e neles confiou — não poderão deter a avalanche, por mais que fiquem de mãos dadas diante das divisões blindadas em marcha, ou procurem com lágrimas nos olhos impedir que a sementeira das bombas atômicas desabroche em flores de destruição. Estou de acordo com o último item do compromisso, em parte: uma revisão nos Estatutos da ABDE, não só no sentido de "ampliar as suas finalidades adaptando-as às condições do Primeiro Congresso", mas indo muito mais longe, numa verdadeira "razzia", que bem a merece a Associação, para que surja ela, nova em folha, com disposição de trabalhar num programa menos estreito e mais construtivo, estimulante e vivo. E, principalmente, com objetivos que interessem os escritores, para que eles próprios consigam sair da planície onde patinham...

I. Descaminhamento onde vai parar?
12 de abril de 1946

De todos os tempos, temperamentos mais fortes, sempre esses se julgaram mais capazes de afrontar os abismos, revelaram as constantes do pessimismo e do niilismo, quer como atitude de resistência aos obstáculos da vida e da condição humana, quer como posição filosófica. Sem dúvida, na base de uma revolução cuja grandeza respirava em pulmões gigantescos todos os quatro cantos da libertação humana, neste século, durante alguns anos houve uma como interrupção no processo dos pessimistas e dos niilistas... A indivisível felicidade humana pareceu que chegara a acenar para os homens, embora a pujança das máquinas e das usinas não se compadecesse de milhões de desempregados e famintos que se arrastavam pelas ruas e pelas estradas o seu fadário de amargura e desgraça. Indiscutivelmente houve uma esperança. A geração que passou pelo fascismo lastima-se e chora ter sido postergado em seus direitos cívicos e em suas liberdades políticas, mas me parece mais essencial, quando olho para trás, a verificação de que a enorme contrarrevolução começada sobre as ruínas fumegantes da primeira guerra mundial do século queimou em seu vasto processo de brutalização da vida, aquele frágil ramo de esperança. Hoje, no parecer de muitos, somos homens e mulheres do outro tempo, mudados para sempre do caminho que partira de um ponto no horizonte e verificamos que as premissas que se esmagaram no embate com a realidade pedregosa precisam de uma profunda revisão, enquanto permanece ainda pelo prestígio dos santos e dos heróis e de suas ações, um pouco, um resquício, luz pequena, o débil calor de uma fé. Homens e mulheres do descaminho cruel que passou na rodada destes anos de carniçaria começaremos de novo a forjar uma arma pobre, um machado de pedra; em meio à floresta, selva selvagem, das usinas e das máquinas.

Estão sobrepassados em meio desta desventura, os versos do romance de Guillen:

> *Si a mi me dieran un rifle,*
> *les diria a mis Hermanos*
> *para qué sirve.*
> *Pero a mi no me lo dan,*
> *porque sé para que sirve;*
> *por eso no me lo dan!*
> *Ni a ti te lo dan, ni a ti.*
> *Ni a ti, ni a ti...*

Os Estados Unidos da América do Norte, que no Dia do Exército prometeram solenemente ao mundo, pela boca do presidente Truman, e porque têm muito o que fazer — estar "decididos a permanecer fortes", — os Estados Unidos, dizia eu, não me darão uma bomba atômica, nem a ti, nem a ti, nem a ti, você, leitor distraído... E para dizer a verdade bem que eu precisava duma.

* * *

Há hoje muitas traduções de livros velhos de antes da guerra, ainda se reeditam sonhos e utopias que não encontram eco, e parecem objetos de antiquário, dourados pelo encanto de seu ranço e das saudades dos marqueses e marquesas que nos serões doutrora tocaram-nos com as suas feridas e a sua graça melíflua e estranha, para nós, trogloditas de um mundo bárbaro que emerge das trevas para as trevas.

A inconsciência brava de alguns setores pejados de grávida estupidez comemoram o centenário de Eça de Queiroz, certos alto falantes das "gens de lettres" chamam ao notável autor da "Relíquia" de Mestre, outros, mais servis, copiam-lhe as maneiras, e está vazio tudo nesta estante de 1946 onde coloco os olhos cansados de curiosidade crônica, a cronista que acredita numas possibilidades.

Há um imenso desinteresse e sobretudo estamos imersos em desinteresse. Não nos descaminhamos de tudo, porque felizmente não acreditamos nos carnavais políticos da hora festiva, senhores representantes dizendo em falsete o famoso "Você me conhece" e sabemos que na verdade eles são apenas mascarados... não tem nada com o que dizem que são, nem os que se enrolam nas dobras dos comitês escondem as suas safadezas. Estão apenas fazendo negócio.

Num meio assim corrompido e por deflagrar em planície aqui está você, meu heroico intelectual... Que fazer no teu emprego público? Quais as páginas trepidantes de agonia e dor que poderá te arrancar este lodo e esta frágua?

Palavra que me aborrece lhe ver alheado de tudo entre galinhas e porquinhos, na tua casa de trepadeiras tão bonitas, tão bonita a casa, essa de tua propriedade, e você amealhando dinheiro, amealhando dinheiro, para comprar um automóvel que afinal você bem precisa, por que não? (Ah, sabe, houve um tempo, há muito, um ramo de esperança...).

* * *

Pois, senhores, estamos com a nossa crônica no fim. Costumo escrevê-la para que desse uma forma à constatação amara, uns mais conscientes, outros menos, mas desgraçadamente descaminhados. Nem se sabe mais quem são esses novos guarda livros, cuidam da escrita, do dinheiro, medem os direitos autorais, são agrimensores de sua propriedade, e não cuidam da planta... Não jamais vereis no cito os semeadores, me diz uma voz, íntima convicção espelhada no descaminho dos que cederam e sabem perceber que abdicaram da vida. Estes não são guarda livros nem cuidam do dinheiro, mas antecipadamente se trajaram de amortalhados. Como vão descaminhados.

Sem dúvida havia neles a coragem da ternura, a solidariedade, numa grave certeza nos passos, uma dignidade no gesto do braço sobre a terra que esperava esse gesto.

Cederam nos trilhos, curvaram a fronte, passaram de cá para lá, de lá para cá, e hoje nem sabem ou sabem quando pensam que não sabem para onde vão. Doutras cidades mais distantes, informam que semelhantes transes e desilusões deram no suicídio, na mania religiosa, e agora nessa estrela negra que é o existencialismo. Revejo nas páginas desse breviário dostoievskiano das "anotações do subterrâneo", octogenárias já, a náusea sem fim das condições humanas, constrangidas na previsão matemática da vida ordenada pelos planos quinquenais ou do diabo, que deram hoje no "L'être et le Néant" de Sartre, cujos resumos começam a aparecer nos condensados sensacionalistas como a última forma, a mais acabadinha, da geração.

Náusea… Não é outro livro do mesmo Sartre, alimentado pela sabedoria que colhera na escola alemã previsora dois anos antes da guerra do que viria depois? Estamos, portanto, marchando entre descaminhados. Uns por aqui, outros por ali, desmemoriados de palavra e gesto, esvaziados.

Agora, dá-me aqui na garganta o nó da vontade de escrever ou de traduzir tudo num poema cinza que começaria assim: descaminhamento, onde vai você parar?

II. Descaminhamento onde vai parar?
19 de abril de 1946

Que há também ramificações do descaminhamento, conduzindo a margens obscuras da pesquisa não negarei. Já que o assunto exige um prolongamento até ficar bem esclarecido que a cronista não se inclui no rol dos descaminhados e que há terra firme num certo ponto deste pântano da planície. (Positivamente anda por aqui lembrança de Lautréamont).

Frisei na outra crônica já o ambiente em que surgiram os descaminhados, esta parda e cinza era da contrarrevolução que com os militantes de Vichy chegou a ferir 150 anos atrás os lemas da Grande Revolução. Já não é preciso portanto insistir no caráter do ambiente donde surgem agora os intelectuais do meu interesse, sendo que não se deve procurar aqui carapuça para o homem medíocre, mas todas para as que se acham na faixa da superioridade...

Talvez a grande altura do desespero ainda se resolva em humor. Nesse compartimento da sensação inexprimível produzem-se coisas dentre as quais levantam-se às vezes notas cristalinas na pauta desalinhada. Este constrói mas utiliza-se dos instrumentos das lágrimas, da impotência e do desprezo. O seu objetivo é asfaltar o próprio desengano, burilá-lo e transformar a sua angústia em caminhos plantados, por onde os insensíveis passam... regalando o cérebro e até mesmo enfeitando a sua sensibilidade. Constroem mas estão permanentemente certos da inconsistência de suas arquiteturas, o que não os inibe de continuar, numa atividade que não se esgota, embora se estenda no vazio. Chegam a uma atitude. A sua própria descrença é um terreno sáfaro à germinação.

Mas por outro lado existem os que não chegam a compor a sua atitude cética de refúgio, o abrigo contra os bombardeios "desta revolução talvez" (Sartre).

Encontro-os trêmulos e esmagados, embora sejam presas de uma febril agitação no seu anseio de tentarem analisar, sem o conseguir, os arredores de sua própria situação. Sabem talvez que existem, que desconfiam talvez de tudo, de todos: sabem que duvidam talvez, que ainda, quem sabe, não morreram. Estes não obtêm mais elementos construtivos, mas talvez não queiram construir mesmo, sim talvez. E olhem não são capazes de morrer pois isto mesmo serviria de confirmação à inevitabilidade das leis que regulam a condição humana e também porque, na sua revolta e no seu desprezo pela própria casca em que se encontram, vivem para a rebeldia negativa e venenosa em que se espojam. Eis que criam umas páginas... Mas mesmo recordando a infância, essa "source" inesgotável da poesia (Rilke e Fernando Pessoa pessoalmente me afirma traduzir mediocridade assusram), nada mais fazem do que nada, porque a sua vitalidade se esgarçou e não sabem mais movimentar-se a não ser em superfícies vagamente enrugadas por umas convulsões e uns estertores. Não reparam que ladeiam o universo. Não verificam nem se importam com os homens porquanto só eles constituem o mundo, e só eles é que existem. Bastam-lhes umas precárias sensações. Nisto falam numa linguagem diferente da dos outros, tudo veem de acordo com as transformações que se operam em seus sentidos embotados.

O que ficou acima, o primeiro, da atitude humorística, é ágil e magro, alguém capaz de andar sobre facas de pontas, que amanhã, se calhar, pode ir a um cinema ou estará lendo um jornal meia hora antes de suicidar-se. Em alguns minutos conduz uma multidão para um abismo, faz uma cidade se afogar coletivamente por causa de um poema que produz com essa intenção...

O segundo porém é aquele que atira fora de todas as telas, não tem discernimento, mostra e guarda a pior pintura, rasga um livro antes de fazer uma página que continua negando... É gordo, não sai do lugar, tanta é a sua certeza de que todos os caminhos vão dar ali mesmo. Mas quando pensa que só lhe basta apertar um gatilho para se libertar de tudo não o faz. Fecha os ouvidos, assim, as frias palavras do criminoso Camus: "Il n'y a qu'un problème philosophique vraiment sérieux: e'st le suicide", (Ao citar isto em seus artigos "What is Existenz Philosophy?" Hannah Arendt, "Partisan Review", New York, Winter 1946, a autora procurou mostrar a diferença entre o autor de "Caliguist" e Heidegger, tido como um dos avozinhos do existencialismo e que não inclui o suicídio como ato libertador em sua concepção). Mas voltemos à descrição de nosso herói. Inesperadamente ele faz uso de uma arma contra a própria cabeça. Fê-lo sem pensar, acreditem, pois não calculou um instante sequer que com aquilo se morre, mas não morre porque o seu gesto será uma ilusão maquinal, a corda que o estava asfixiando, outra ilusão. O revólver não é que estava sem balas? E esta vaca, quando menos o esperam, eis que se lhe abre uma perspectiva, aí começa a agir sorrateiramente, sorrateiro sim, com a sua literatura... negativa!

Chegamos ao fim do papel e ainda não mencionamos sequer o "terceiro partido" cuja posição ativista, libertadora, combativa e sobranceira confirma esta hipótese de trabalho em que vimos insistindo.

III. Parênteses no descaminhamento
3 de maio de 1946

Seria possível uma crítica talvez dos aspectos pouco recomendáveis a que chegamos nós, do ponto de vista dos intelectuais os que trabalham com a sensibilidade e a inteligência, dentro da engrenagem estraçalhante a que temos sido até agora trazidos por essa coisa que se convencionou chamar a "participação" na luta política. Refletindo acerca da ordem de ideias que vinha esboçando em crônicas anteriores, cheguei a me convencer recentemente que o nosso problema de maior importância está ligado ao predomínio do social — político, portanto — sobre o humano. Seria possível e, mais do que isso, não nos conviria inverter os dados circunstanciais da "participação", partindo do humano para o social.

A este ponto das interrogações, penso ainda, embora sem muita nitidez, que é preciso começar tudo de novo pelo problema da liberdade. Não da liberdade ideal como tem sido adotada na base umas tantas convicções que aparentam uma grande adesão às ideias da liberdade. É livre quem luta pela liberdade dentro de uma organização que inicialmente extinguiu nos seus componentes o gozo dela? É livre quem luta pela liberdade dos outros, mas organizatoriamente se acha preso a uma disciplina de ferro? São perguntas que devem se achar na plataforma desta partida sobre a participação do homem intelectual na luta pela liberdade dos homens. E são perguntas que não podem ser, estou certa, respondidas pela grande maioria dos que se deixaram levar na corrente da adesão a umas certas convicções, cuja única importância hoje reside no velho ouro de sua passada legenda.

Quem quiser raciocinar nesta base deduzirá logo que eu compreendo que seria a liberdade individual o ponto de partida para a tomada de consciência de uma verdadeira luta pela liberdade. Uma ética decorre disto irrecusavelmente, estamos aqui pisando num terreno firme. Conhecerá os caminhos de liberdade, será capaz de indicá-los apenas quem esteja livre nessas trilhas. Uma coincidência, ou incidência, num dogma político, não deve ficar acima da espontaneidade que puder guiar os passos do intelectual. Naturalmente, não se trata aqui de uma ignorância de que a democracia, em grosso modo, é apenas um voto de maioria. O que precisa ficar bem claro é que a luta pela liberdade não pode ficar submetida a uma focinheira partidária. Capaz, pela legenda de uma ideologia — sofismada ou traída, não se quer saber — de estar no caminho certo da liberdade humana. Os que se apresentam acorrentados, marcados pelos slogans aliás "palavras de ordem", são apenas uns pobres diabos, uns desprezíveis escravos, repetidores de discos, e causa espanto que venham nos dizer que estão "participando" da luta pela liberdade, com os seus clichês e lugares comuns. Como pode um escravo lutar pela liberdade dos outros?

Impõe-se o princípio de que antes da participação na luta pela liberdade alheia, realize o intelectual a sua liberdade, um desbordamento de limites que desconheça "palavra de ordem" adequadas a desígnios imediatos e negocistas dos que retêm em suas mãos os cordéis diretores das massas.

É preciso naturalmente, penetrar o essencial neste ponto ético: o trabalho do intelectual desdobra-se em duas fases principais, que são a crítica e a descoberta.

Há diferença entre uma participação consciente de sua profunda natureza e um gesto determinado por acasos. Aqui na rua, por exemplo, há uma vibrante manifestação de homens organizados que protestam... O intelectual passava, achou-se entre esses homens e participa, voluntariamente, do seu movimento. Deu-se então a coincidência. Mas ao intelectual é defeso participar de uma luta pela liberdade entrando numa organização em que a sua mentalidade e a sua responsabilidade se devem deixar "dissolver" diante da maioria quando esta maioria o que quer é apenas seguir um chefe, e, vagamente, um determinado fim, embora nunca chegue a ele. Sem dúvida, o intelectual pode e deve ficar dentro do partido, quando o partido não discorda dele, em uma perfeita consonância com o seu ideal e o seu conhecimento das coisas. As maiorias ocasionais, que nunca discordam, porque não partem da crítica, mas de uma superstição política, essas, nada tem a ver nem com a crítica, nem, ainda, com a descoberta, uma revelação a dar-se nas mãos livres que manejam o pensamento e a criação... Pode, sem dúvida, haver quem julgue democrático entregar-se ao caso das maiorias, de seu voto baseado num critério de quantidade. (Aliás, dever-se-ia determinar se há democracia mesmo quando um tipo bronco vota por alguém ou por alguma coisa ao lado de quem conscientemente avalia e julga como está dando, a quem e porque, seu voto consciente. Que espécie de democracia?)

Voltamos ao princípio. Que o humano sobreleve o social, para o homem que trabalha com a inteligência e com a sensibilidade. Que a sua ética seja determinada pelo livre exame das coisas, e que ele dê ao seu voo a amplitude nítida de quem escreve a ordem de suas palavras e não tropece nas determinações das palavras de ordem. Seja um frequentador das estradas da liberdade quem deseja participar da luta pela liberdade.

Donde, portanto, entre a direita da opressão e a esquerda totalitária que emerge destes dias cinzentos, esboçar a palavra que reconduz à hierarquia dos valores perdidos, entre ditaduras e nacionalismos exacerbados, naturalizações não escritas, em vigor somente pelos objetivos imediatos dos partidos, donde, pois, levantar-se a certeza de que é possível um "terceiro partido", nos caminhos da liberdade.

Fala o destempero da náusea
24 de maio de 1946

Ainda é uma crônica da série dos descaminhados. E não dei aos leitores desta coluna o prazer de lhes explicar a prometida saída para o "terceiro partido" (no sentido literário), ou seja a solução ativista, já plenamente navegando. (É preciso não esquecer que se trata do ponto de vista que só abrange os intelectuais. Mesmo no que se refere à atividade de participação política, o intelectual, melhor, o escritor deve ser enquadrado, num exame destes, à parte. Ele tem uma tendência individualizante muito marcada para resguardar isso a que se chama personalidade e que, no caso de um artista, sempre corresponderá à "sensibilidade artística". Não esquecendo isto, vamos reproduzir um documento cujo título calha no que encima esta crônica. Pela sua importância intrínseca, referido "documento" se torna efetivamente, para mim, um dos temas feitos a fim de melhor se dominar as reentrâncias e os relevos da inteligência mais característica desta época de ruínas e alucinações).

* * *

"Em geral, pensa-se que a minha decepção se processou lentamente, num apodrecimento moroso de minhas fibras... Isto, entretanto, se deu num átomo de minuto. Aconteceu como a Gregor Samsa, o herói de "Metamorfose". Certa manhã acordou e se viu transformado num feioso inseto. Isto é, porém, uma comparação. O átomo de minuto pode ter acontecido no meio de um trabalho normal, e de repente, a sombra invade todos os compartimentos outrora banhados de luz. Ou ainda, em plena alegria, no meio de uma floração viva de fé e entusiasmo, subitamente, chegou a intrusa, instalou-se. Que desejamos? Daí em diante separaram-se as paralelas. Desirmanamo-nos. Entretanto, há pouco ainda estávamos trilhando caminhos sem arestas, desvendados de largas janelas para além: eis que estou só e fora do caminho! Um verme apenas, como Gregor Samsa, ou um pobre diabo sem luz, no seu compartimento, ou ainda este que vedes aqui sem o seu caminho certo, na via segura...

O caso é que estou aqui, bem consciente de que tudo o que passou foi apenas um grosso ludíbrio. Não direi que não seguro as plantinhas frágeis do meu declive, que não tento enterrar as unhas no chão para parar. Vou rolando. Não vos confessarei que não me revolto contra o esbulho dos sonhos, a fraude na fé, a alienação do meu patrimônio de ardentes esperanças!

Há uma sensação muito nítida destas papilas de que estou diante das negações e que preciso reagir. Na verdade, reajo. Arranjei minha casca de tartaruga, o que me retarda os movimentos, mas em compensação, eis-me ser: existo! Existo e isto é fundamental. O ato mais importante de minha vida, aquele que aboliria completamente esta meta, o ponto alto de consciência contra qualquer concessão seria certo o suicídio. E estou apto a aplicá-lo na primeira oportunidade.

Não, pelos meus gemidos, não, idiotas! Não estou desanimado!

Estou é superexcitado, sem dúvida. Mas, não desanimado. Se me veem rolando mole sob a minha casca, não se iludam! Sou uma bola de ódio, que envenena os vizinhos, meu pai e minha mulher! Neles descarrego os vapores crepusculares de minha impotência.

Hoje eu poderia ajudar-vos a subir mais uns degraus. Naturalmente não acredito nos degraus e ninguém tem nada com isto, mas se ofereço ajuda é porque me sobram energias e sou capaz de utilizá-las ainda. Principalmente contra os que me querem ver na minha atual forma de tartaruga, coisa mole sob a casca duríssima. Agora mesmo minhas patinhas repulsivas esmagaram florinhas gentis no meu plano de derrapagem... superestimei possivelmente o que perdi. Não há para mim consolo senão de novo em comparecer ao altar e queimar o incenso, ler o livro em voz alta e convocar a multidão, de novo, pelos sinos. Mas, soam como caracaxás nos espaços os sinos, não convocam ninguém! O livro não tem senão um arzinho idiota de anedota pornográfica. O incenso estragado não queima um só um imenso deserto e o altar foi remetido para o guarda móveis.

Outro qualquer se contentaria em tirar amanhã talvez o Grande Prêmio da Espanha! Outro qualquer talvez chafurdaria bem na alcatifa dos palácios. Outro rebolaria na cama: as camas... eu não. Desta frágua, gorda bola de ódio, sou a impotência, o ser diante do nada."

* * *

Aí fica o documento essencial, o retrato do descaminhado por ele mesmo. Aos colecionadores de panoramas psicológicos contemporâneos, cabe endereçar mais estas linhas, como esclarecimento ao objetivo final da série aqui traçada. Estarei sendo suficientemente explicativa? É autêntico o "documento" traçado? É ele inteiramente legítimo? Suportará a pesquisa mais profunda nas suas entranhas, na intimidade de suas células?

Não respondo a estas perguntas que surgem na gradação da análise a que vos submeto, vermes rastejantes da negação, da passividade e do esbanjamento, no "laisser-aller" que por aí vai. Retomaremos o fio desta meada, a mais intrincada que poderemos tentar desenovelar no plano de trabalho que nos propusemos dentro da vanguarda.

O "documento" que fala o destempero da náusea fica sobre a mesa como a carta que já foi jogada.

Um debate sobre o existencialismo
9 de agosto de 1946

Uma "enquete" do "Diário da Noite", de S. Paulo, registrou, neste frígido julho paulistano, a inquietação em torno do "existencialismo", tornado assunto de debate e de jornal, pelos últimos fatos que serviram de veículo à teoria, notadamente o duelo dos pintores Esparbes e René Gaillard, em Paris... O vespertino ouviu meia dúzia de pessoas qualificadas para tal, mas não foi satisfatório o resultado, porque quatro dos entrevistados consideraram a teoria existencialista sob aspectos históricos, e dois deles, sabidamente tendenciosos, particularizaram uma interpretação reacionária para a filosofia que Sartre transformou em estética. No seu depoimento, melhor informado, o professor Roger Bastide começou mencionando o ataque veemente "que católicos e marxistas" fazem hoje na França ao "existencialismo", mas nem ele próprio escapou de fazer restrições políticas ao movimento, mencionando a "Alemanha de Vichy" para apontar o "perigo" da doutrina. A advertência do ilustrado professor não consubstancia tanta razão de ser, porquanto o "sucesso do existencialismo", apoiado pela ocupação nazista, nada tem, na aplicação e no desenvolvimento da ética-estética de Sartre e Cia., com os mil tentáculos da hidra totalitária prontos a renascerem no pós-guerra em que ainda não entramos.

Infelizmente, também embora bem-intencionados, os demais entrevistados desandaram a citar tão somente Heidegger e Jaspers, o que faz do "existencialismo" uma metafísica do Eu diante do Mundo, uma especulação brilhante cujo resultado é a constatação da "vontade livre". Os entrevistados não abordaram o grupo francês, e isto inquina de falta grave o conjunto dos depoimentos, porquanto é esse grupo, com Sartre à frente, que está realizando um movimento de vanguarda, colocando o comportamento do homem diante dos acontecimentos, e enfrentando, revolucionariamente, os problemas do dia, desde as artes plásticas, o teatro, até à política operária nos sindicatos... É sintomática desta disposição a obra de Simone de Beauvoir "Le sang des autres", em que se destaca em nítidos relevos o papel do revolucionário, tanto na luta diante da sociedade econômica, como no emaranhado dos sindicatos de classe. O papel dos militantes fica muito destacado, pela distribuição de autonomia que lhes atribui a autora, inculcando-lhes a capacidade de liderança, a tal ponto que qualquer um, sozinho, pode tomar responsabilidade de manejar as alavancas do movimento, e tudo fundamentado na condição humana do revolucionário, pela "escolha" consciente que ele existencialmente realizou. A crítica ao automatismo em que uma organização como o Partido Comunista modela os seus membros está implícita nesse largo sentido da iniciativa própria dos militantes de "La République du Silence", Jean Paul Sartre frisa:

"Nunca tínhamos sido tão livres como sob a ocupação alemã. Tínhamos perdido todos os nossos direitos e principalmente o de falar. Insultavam-nos face a face e era preciso calar. Éramos deportados em massa, como trabalhadores, como judeus, como prisioneiros políticos. Em todos os muros, nos jornais, no cinema, encontrávamos esta imunda e derrisória fisionomia que os nossos opressores queriam nos apresentar de nós mesmos. Por tudo isto, éramos livres."

E mais adiante:

"Em todas as circunstâncias, estávamos sós, trancados na solidão, encerrados na solidão, e era nessa lassitude, soltados de tudo, que resistimos às torturas, sós e nus diante dos carrascos bem barbeados, bem alimentados, bem vestidos, que zombavam de nossa carne miserável, e a quem uma consciência satisfeita, uma potencialidade social desmesurada dava todas as aparências de ter razão. Sós. Sem o socorro de mão amiga ou de qualquer encorajamento." (Da "Eternelle Revue", I).

Tem razão o professor Roger Bastide ao mencionar a interferência da guerra como oportunidade ao clima do existencialismo sartreano. A divisão da responsabilidade num grave momento de tensão, quando era necessário "resolver a escolha", tornou imperativa a adoção de uma ética como a do existencialismo, libertadora da vontade, cristalizada no último grau de existência que é a noção de RESISTIR, a "coragem de dizer NÃO diante da voragem" ("A Famosa Revista", cap. "Chave").

Assim, como assinala Roger Bastide, "a guerra lhe deu — ao existencialismo — um clima, lhe abriu uma audiência maior. Quando os homens sentiram as suas existências ameaçadas a existência passou a ter para eles maior importância. Além disso todos os valores se quebraram, não mais se sabia onde estava o justo e o injusto, as propagandas totalitárias esburacavam os fundamentos das crenças antigas: uma única coisa resistia, cuja realidade era tanto mais sentida quanto a morte a rondava: a sua própria existência, "aqui e agora".

E não será essa a situação do revolucionário colocado na frágua do desabamento de toda uma situação ideológica subvertida que à margem da guerra perdeu a noção do "justo" e do "injusto" e luta pela sua existência, num estado de tensão permanente, cujo lema nunca deixou de ser a nossa existência "aqui e agora"?

De William Faulkner a probidade vigilante de André Malraux, desde o ato gratuito de André Gide ao aparente anarquismo desta filosofia transformada em estética e ética, que diz ser a liberdade o caminho da existência, há homens que não se perdem na voragem. Mesclam-se à massa, mas não se perdem nela, microcelulares, nos processos das grandes procissões, da aceitação dos linchamentos e dos "pogroms", dos estrangulamentos que caracterizam esta vasta transição do mundo. Os "marxistas" que combatem o existencialismo talvez sejam os mesmos que como Togliatti desmentem a existência do "imperialismo russo". E, positivamente, eles não nos interessam.

ÍNDICE ONOMÁSTICO

Amado, Jorge. 15-19, 26, 50

Stefan Zweig. 15

Gold, Michael [Itzok Isaac Granich]. 17

Prestes, Luís Carlos. 15, 17-19, 26, 27, 31, 59, 62-64, 70, 113

Andrade, José Oswald de Sousa de. [ou Osvaldo de Andrade ou João Miramar] 18, 69, 70, 78

Pereira, Astrogildo. 18, 110

Machado, Antônio de Alcântara. 18, 78

Andrade, Mário Raul de Morais. 18, 78

Milliet [da Costa e Silva], Sérgio. 18, 30, 62-64, 78-79

Bandeira, Manuel. [Manuel Carneiro de Sousa Bandeira Filho] 18

Mendes, Murilo Monteiro. 18, 66-69, 110

Andrade, Carlos Drummond de. 18, 92, 97, 100

Assis, Joaquim Maria Machado de. 19, 41, 44, 80

Figueiredo, Fidelino de Sousa de. 20, 21, 23, 107

Valéry, Paul. [Ambroise-Paul-Toussaint-Jules Valéry] 24

Amilcar Dutra de Menezes. 26

Lobato, José Bento Renato Monteiro. 28

Candido, Antônio. [Antônio Candido de Mello e Souza] 29, 32

Luxemburgo, Rosa. 30

Rimbaud, Jean-Nicolas Arthur. 31

Pessoa, Fernando Antonio Nobrega. 31, 108, 121

Laforgue, Jules. 36

Galilei, Galileo di Vicenzo Bonaulti de. 36

Cézanne, Paul. 40

Kafka, Franz. 40-41

Dostoiévski, Fiódor. 40, 41, 47, 80, 90, 97

Barreto, Afonso Henrique de Lima. 41, 71-75

Rilke, Rainer Maria. [René Karl Wihelm Johann Josef Maria Rilke) 42, 81, 121

Terrail, Visconde de Ponson du. [Pierre Alexis] 43

Lautréamont, Conde de. [Isidore Lucien Ducasse] 43, 108, 120

Faulkner, William Cuthbert. 44, 82, 135

Gladkov, Fiódor Vasilevitch. 46, 47, 79

Pozner, Vladímir. 47

Ivanov, Vsevolod. 47

Furmanov, Dmitri. 47, 50

Schlöezer, Bóris. 47

Gogol, Nikolai. 47

Tolstoi, Lev. 47

Reisner, Larissa. 47

Ehrenburg, Iliá. 47

Pilniak, Bóris. [Boris Andrevitch Vogau] 47, 48

Radek, Karl Berngardovitch. [Karol Sobelsohn] 48, 49, 52

Joyce, James Augustine Aloysius. 49, 81, 108

Woolf, Adeline Virginia. [Adeline Virginia Stephen] 49

Malraux, André. 49, 81

Silone, Ignazio. [Secondino Tranquilli] 49, 51-54, 93, 108

Trotsky, Leon. [Lev Bronstein] 49, 51, 52, 63, 73

Traven, B. 49

Plisnier, Charles. 49

Vaillant-Couturier, Marie-Claude. 49

Mussolini, Benito Almicare Andrea. 53, 58

Danton, Georges Jacques. 57

Marat, Jean-Paulo. 57

Padilha, Raimundo Delmiriano. 58

La Rocque, François de. 58

Salgado, Plínio. 59

Vargas, Getúlio Dornelles. 59, 60, 113

Romains, Jules. [Louis Henri Jean Farigoule Jules Romains] 60, 114

Fiúza, Iedo. 60

Dutra, Eurico Gaspar. 26, 60

Teles, Mário Rolim. 61

Neruda, Pablo. [Ricardo Eliécer Neftalí Reyes Basoalto] 62

Amado, James. 62

Truman, Harry S. 70, 116

Churchill, Winston Leonard Spencer. 70, 83

Roosevelt, Franklin Delano. 70

Attlee, Clement Richard. 70

Stalin, Josef. 70, 109

Lênin, Vladimir. [Ilitch Ulianov] 73, 83, 103

Prado, Paulo da Silva. 77, 78

Morais, Rubens Borba de. 78

Apollinaire, Guillaume. 78

Jacob, Max. 78

Cocteau, Jean Maurice Clément. 78

Aragon, Louis. 78

Breton, André. 78

Queirós, José Maria Eça de. 109, 117

Lins, Álvaro de Barros. 79

Moog, Clodomir Viana. 79

Belo, José Maria de Alburquerque. 79

Rego, José Lins do. 79,

Ramos, Graciliano. 79, 80, 92, 93, 110

Balzac, Honoré de. 80

Bourget, Paul Charles Joseph. 80

Cardoso, Joaquim Lúcio. 80

Faria, Octavio de. 80

France, Anatole. [Jacques Anatole François Thibault] 80

Garnier (Garreaux e Garnier), 80

Steinbeck, John Ernst. [Jr.] 81

Hemingway, Ernst Miller. 81

Goethe, Johann Wolfgang von. 81

Voltaire, M. de. [François-Marie Arouet] 81

Cervantes, Miguel de. 81

Gide, André Paul Guillaume. 64, 81, 82, 135

Rilke, René Karl Wilhelm Johann Josef Maria. 42, 81, 121

Alighieri, Dante. 82

Serge, Victor. [Victor Lvovitch Kibaltchitch] 83

Marx, Karl. 85, 90

Sartre, Jean-Paul Charles Aymard. 87-90, 119, 121, 132-134

Camus, Albert. 87, 88

Wahl, Jean André. 88

Beauvoir, Simone Lucie-Ernestine-Marie Bertrand de. 133

Chestov, Lev. [Yehuda Leyb Schwazmann] 90

Kierkegaard, Søren Aabye. 90

Nietzsche, Friedrich Wilhelm. 90

Husserl, Edmund Gustav Albrecht. 90

Engels, Friedrich. 90

Kai-shek, Chiang. 92

Vichinski, Andrei. 96

Bevin, Ernst. 96

Carvalho, Domingos. 97

Mistral, Gabriela. [Lucila de Maria del Perpetuo Socorro Godoy Alcayaga] 98

Lie, Trygve Halvdan. 99

Whitman, Walt. 101

Nobre, Antonio Pereira. 101

Lorca, Federico García. 102

Chaplin, Charlie. [Sir Charles Spencer "Charlie" Chaplin, Jr.] 103

Athayde, Tristão de. [Alceu Amoroso Lima] 107

Calder, Alexander. 108

Genolino Amado. 110

Morais Neto, Prudente de. 110

Borba, José Osório de Morais. 110

Barbosa, Francisco de Assis. 110

Costa, Dante Nascimento. 110

Figueiredo, Guilherme de Oliveira. 110

Dutra, Lia Correia. 110

Ramalhete, Clóvis. 110

Farhat, Emil. 110

Moraes, Eneida de Villas Boas Costa de. 110

Wilson Veloso. 100

Senna, Homero. 100
Burlá, Eliezer. 100
Costa, Oswaldo Dias da. 110
Paim, Alina. 100
Gonçalves, Floriano. 100
Figueiredo, Guilherme. 100-113
Borghi, Hugo.
Guillén, Jorge. 116
Arendt, Hannah. 122
Heidegger, Martin. 122, 133
Esparbes [Jean d'Esparbès]. 132
Gaillard, René. 132
Bastide, Roger. 132, 134
Jaspers, Karl. 133
Togliatti, Palmiro. 135

SECRETARIA DA SEGURANÇA
DEPARTAMENTO DE ORDEM POLÍTIC
SÃO PAULO

Prisão de

PATRICIA GALVÃO (PAGU), ALVEJOU UM A
PAR

Pagu', Francisco Vaz, Yara Silva Jardim, Helio de Mell

Após os acontecimentos de novembro de 1935, verificou-se uma scisão no Partido Communista do Brasil, sendo fundado o Partido Operario Leninista. A séde, ou uma das cellulas desse partido, acaba de ser descoberta pela policia. A séde principal, ao que apurou a policia do Rio, está localizada nesta Capital. O Comité regional, que seria estabelecido no Rio, tinha como organizadora, Patricia Galvão, conhecida por "Pagu'".

Sob o nome de Maria Magalhães, abrigetou-se "Pagu'" no Rio á rua Chichorro n.º 99.

Localizada a sua residencia, a policia ali procedeu uma busca. "Pagu'", ficando sozinha com um agente, valeu-se de um descuido deste, alvejando-o a tiros, errando o alvo.

Foi presa, então, outra agitado Nigro, que morava á avenida Moreira, 88.

De posse dos elementos que lh tia localizar a séde de todas as des extremistas, a policia va apartamento da rua Montenegro apprehendendo publicações sub o apparelho de impressão.

Um individuo, da rua, acomp acção da policia. Foi notado, e preso.

Trata-se de um individuo que me de Hilcar Leite e que confes actuação na trama communist responsavel pela impressão do expedidos em nome do Partido Leninista, trabalhando, com "F organização do Comité regiona

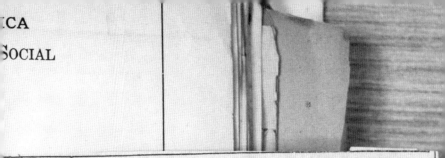

extremistas

— A POLICIA VAREJOU UMA DAS SE'DES DO ...LENINISTA

Hilkar Leite, Odila Nigro e Julio dos Santos, principaes implicados.

O GRUPO DISSOLVIDO NO RIO SERIA APENAS AGENCIA OBEDIENTE A ORDENS SAHIDAS DE NOSSA CAPITAL?

RIO, 23 (H.) — Informações divulgadas esta manhã precisam que o agrupamento extremista, ora liquidado pela policia politica, estava ligado, como se pôde apurar mais tarde, ao soccorro vermelho, chefiado por Paschoale Petrarcone, cujas actividades cessaram quando da prisão de seu chefe. Naquella occasião, além de Petrarcone, foram detidos outros extremistas, que se acham ligados aos actuaes acontecimentos. Entre os detidos de então figurava Mary Pedrosa, mulher de Mario Pedrosa, fundador do Partido Operario Leninista e seu representante junto ao Congresso de Operarios Trotskystas, que

dissolvido não seja mais do que uma agencia do centro de todos os communistas do Brasil, recebendo directamente do mesmo as ordens e as tarefas a cumprir. Esse centro acha-se localizado em S. Paulo, não só por ser esta cidade de população formada na maior parte de operarios, como tambem por ser onde a repressão ao communismo menos se faz sentir.

Si bem que completa a desarticulação da cellula "trotskysta", que aqui funccionava, emprehende neste momento a policia politica uma grande actividade no sentido de diminuir a organização central do communismo, o Partido Communista do Brasil, com o fito de evitar novas perturbações da ordem por parte do inimigo numero um do Brasil, o Com-